MTS
성령 학교

교회성장연구소

인사말

우리는 각자의 고유한 이름을 가지고 있습니다. 동시에 우리에게는 공통으로 지녀야 할 또 다른 이름이 있습니다. 바로 '작은 예수' 입니다.

'작은 예수', 이것은 우리의 정체성이자, 삶의 목표가 되어야 합니다. 예수님의 가르침이 우리의 입을 통해 전파되어야 하고, 예수님의 사랑이 내 손을 통해 나눔으로 이어져야 합니다. 예수님의 발자국이 우리가 가야 할 길이 되어야 하고, 예수님의 마음이 우리의 성품을 지배해야 합니다.

이 세대에 이러한 '작은 예수'들이 절실히 필요합니다. 나부터 작은 예수가 되기를 소원해야 하고, 더불어 우리 모두가 작은 예수라는 공통된 이름을 가져야 합니다. 서로가 각기 다른 존재이지만 작은 예수라는 같은 이름으로 하나 될 때, 그리고 그 이름에 걸맞게 예수 향기를 이 세상에 발할 때, 하나님 나라는 더욱 아름답고 넓게 확장되어 갈 것입니다.

그렇다면, 어떻게 해야 작은 예수로서 살아갈 수 있을까요? 어떻게 해야 이 땅이 작은 예수들로 가득 넘칠 수 있을까요? 우리는 예수님의 사역에서 그 원리를 배울 수 있습니다. 예수님께서는 사랑하는 제자들을 세우셨고, 훈련시키셨습니다. 하나님의 뜻을 그들에게 가르치셨고 그 가르침대로 실천하게 하셨습니다. 그리고 무엇보다 그 훈련의 원리는 예수님께서 먼저 본이 되어 주시는 것이었습니다.

작은 예수들이 무수히 일어나기 위해서, 예수님께서 제자들에게 행하셨던 그 훈련이 우리 가운데 시작되어야 합니다. 이러한 비전을 품고 본격적으로 MTS 개정판을 출간하게 되었습니다. 특히 이번 개정판은 평신도 모두가 작은 예수화 되는 것을 목표로 삼고 있습니다. 머릿속에만 맴도는 지식 전수가 아니라, 삶의 변화를 이끄는 MTS를 기획하고 구성하게 된 것입니다.

MTS는 소그룹에서 활용하기에 더없이 유익한 교재입니다. 작은 예수가 되기 위한 핵심적인 내용을 소그룹 구성원과 함께 배우고 익힐 수 있습니다. 그리고 그 배움이 앎으로만 그치지 않고, 각자의 삶의 자리에서 열매 맺도록 도와줍니다. 함께 생각과 삶을 나누고 점검할 수 있는 기회를 마련해 주는 것입니다. MTS를 통한 교육과 훈련은 단지 공부가 아니라, 교제이자 선교이며 삶의 예배입니다.

또한 MTS는 총 10개의 학교로 진행됩니다. 이것은 평신도들이 균형 있는 신앙생활을 할 수 있도록 돕습니다. 예수님을 따르기 위해 필요한 핵심 사항들을 체계적으로 정리하여 편성하였기 때문에 누구나 쉽게 배우고, 익히고, 나눌 수 있습니다.

MTS 개정판을 통해 이 땅에 작은 예수가 더 많이 세워지기를 소망합니다. 그렇게 세워진 작은 예수들이 가정과 교회를 변화시키고, 더 나아가 우리 사회와 나라의 희망이 되기를 꿈꾸어 봅니다.

2012. 9
여의도순복음교회 담임목사 이 영 훈

들어가는 말

지금은 성령 시대입니다. 예수님께서는 승천하시면서 우리에게 성령을 선물로 주셨습니다. 성령의 능력으로 살아갈 수 있다는 것은 우리가 누릴 수 있는 놀라운 영광입니다. 우리가 이 세상에서 살아가면서도 천국 백성으로서의 삶을 살 수 있는 것은 성령께서 우리와 함께해 주시고 우리를 충만케 해주시기 때문입니다. 성령 학교는 우리가 성령 시대에 성령의 사람으로서 살아갈 수 있도록 돕기 위한 과정들로 이루어져 있습니다.

총 8과로 구성된 성령 학교는 크게 세 단계로 나뉩니다. 먼저 성령님에 대한 전반적인 소개가 진행됩니다. 성령의 사람이 되기 위해서는 먼저 성령님이 어떤 분이신가를 올바로 아는 것이 중요합니다. 성령님은 무인격적인 에너지나 능력이 아니라 살아 계시고 역사하시며 인격적인 하나님이십니다. 첫 번째 단계에서는 성령님의 신성과 성품, 역사에 대해서 배웁니다.

다음 단계로 성령의 사람이 되는 것에 대해 배우게 됩니다. 성령님에 대해서 알게 되었다면, 이제 성령님과 나의 관계에 대해 배워야 합니다. 성령 학교는 두 번째 단계에서 성령님과의 만남에 대해서, 그리고 성령님과의 만남의 결과 우리의 삶에 어떤 변화가 다가오는지에 대해서 가르쳐 줍니다.

마지막 단계에서는 성령의 은사와 성령의 열매에 대해 다루게 됩니다. 성령께서 주시는 선물인 성령의 다양한 은사에는 어떤 것들이 있으며 그 은사로 어떻게 하나님께 영광 돌리는 삶을 살 수 있는지에 대해 안내해 줍니다. 그리고 성령의 열매란 어떤 것이고, 어떻게 하면 성령의 열매를 맺는 삶을 살 수 있는가 하는 것을 안내해 줍니다.

성령 학교의 과정을 밟는 모든 분들이 성령의 사람으로 살아갈 수 있기를 소망합니다. MTS 과정이 성령님과 동역하는 삶, 그리고 어디를 가든지 성령님의 역사를 체험하는 삶을 위한 필요한 길잡이가 되기를 간절히 기원합니다.

MTS를 소개합니다

1. MTS 소개

| 목적 |

- MTS는 SFS(Spiritual Formation Series - 영적 성장 시리즈)로서, 평신도를 작은 예수의 삶을 사는 사역자로 세우는 시스템입니다.
- 평신도 사역자를 체계적으로 양육할 수 있는 시스템을 교회에 제공합니다.

| 특징 |

- MTS(Ministry Training School, 평신도 사역자 훈련 학교)는 평신도를 작은 예수의 삶을 살도록 하기 위해서 제자 훈련, 셀 그리고 멘토링과 코칭의 원리를 통합적으로 접목한 훈련 시스템입니다.
- 약 2년이라는 단기간에 10가지 과정을 훈련함으로써 사역에 필요한 사명과 자질을 준비할 수 있습니다.

| 실행 및 운영 |

- 인원은 개 교회에 따라 대략 다음과 같이 구성할 수 있습니다.

규모	인원
소형 교회	5-10명
중형 교회	10-20명
대형 교회	20-40명

- 대그룹 모임과 소그룹 모임이 필요한데, 대그룹 모임은 전체 인원이 함께 모입니다. 소그룹 모임은 한 그룹 당 5-7명씩 묶습니다.
- 모임은 주제 강의, 소그룹 토론 및 기도회 등으로 이루어집니다.
- 약 2년 과정을 마친 사람들을 다양한 사역 현장으로 파송합니다.

| 구성 |

- 먼저 **정규 과정**은 작은 예수의 삶을 살기 위한 '그리스도 알아가기, 따라하기, 섬기기'라는 목표 아래 평신도를 사역자로 세우는 과정입니다.
- 또한 **특별 과정**은 정규 과정을 이수한 사람들이 실제적인 삶에서 작은 예수로 성장하도록 돕기 위한 심화 과정입니다.

2. MTS 약자의 의미

| 명칭 |

Ministry 사역자
Training 훈련
School 학교

| 역할 |

Mentoring or Modeling 가르치는 자의 역할
Training 배우는 자의 역할
Systematizing 시스템을 통해 운영

| 단계 |

Making Believers 신자화
Training as Disciples 제자화
Serving as Workers 사역자화

3. 정규 과정의 구성 및 기간

1) 신자화 과정 : 그리스도 알아가기
   신앙 입문 학교(4주)

2) 제자화 과정 : 그리스도 따라가기
   성경 가이드 학교(8주) – 큐티 학교(4주) – 예배 학교(8주) – 성령 학교(8주) / 성령축제 (인텐시브 코스)

3) 사역자화 과정 : 그리스도 섬기기
   소그룹 리더 학교(8주) – 전도자 훈련 학교(8주) – 새가족 양육자 학교(8주) – 가정 행복 학교(8주) – 기도 학교(8주) / 성령축제(인텐시브 코스)

MTS를 소개합니다

4. 특별 과정의 구성

특별 과정은 일정한 순서가 정해져 있지 않습니다. 일반 과정을 수료한 사람 혹은 교회의 필요에 따라 원하는 학교를 교육받을 수 있습니다.

MTS 특별 과정
• 교회 성장 학교
• 부흥 학교
• 주일 교사 학교
• 사랑 받기 위해 태어난 사람
• 셀프 리더십 학교
• 리더십 개발 학교
• 4차원의 영성 리더십 학교
• 4차원의 영성 중보 기도 학교
• 4차원의 영성 전도 학교
• 4차원의 영성 학교
• 영적 교제 학교
• 찬양 학교
• 하나님의 소명 학교
• 가정 성장 학교
• 결혼 예비 학교
• 자녀 양육 학교
• 크리스천 웰빙 학교
• 크리스천 재정 학교
• 사회 봉사 학교
• 대화 학교

5. MTS 모임 형태와 순서의 예시

※ 예시 자료이므로, 각 교회의 상황에 맞게 바꿔서 활용할 수 있습니다.

시간	순서	담당자	진행방법
6:30 – 6:50	찬양	봉사자들	찬양으로 모임을 시작합니다.
6:50 – 7:00	기도	봉사자들	강의 시작 전 함께 기도합니다.
7:00 – 7:30	주제 강의	담임 목회자	30분 동안 교재의 내용을 쉽고 재미있게 강의 형태로 진행합니다.
7:30 – 7:40	티타임	봉사자들	소그룹별로 흩어지는 과정에서 잠시 교제하며 차를 마십니다.
7:40 – 8:20	소그룹 모임	소그룹 리더	4W : Welcome(아이스브레이크), Word(주제 강의 반복), Witness(삶의 나눔), Work of Prayer(기도 사역). ※ 목회자는 매주 1개 그룹씩 돌아가면서 참석합니다.
8:20 – 8:40	대그룹 기도회	담임 목회자	담임 목회자가 제시하는 기도 제목이나 소그룹에서 나온 중보 기도제목을 놓고 함께 기도하고 마무리합니다.

MTS를 소개합니다

6. MTS 일정

※ 한 과정별로 다음과 같이 진행되며, 8주가 끝나면 워크샵을 진행합니다(4과까지 있는 교재는 4주에 마치게 됩니다).

주	1주	2주	3주	4주	5주	6주	7주	8주	
교재	1과	2과	3과	4과	5과	6과	7과	8과	워크샵
과별 사역	각 과에 필요한 과 외 프로그램을 그때마다 진행합니다.								

※ 워크샵은 다음과 같이 진행할 수 있습니다(당일, 1박 2일, 2박 3일의 세 가지 프로그램 종류가 있습니다. 교회 상황에 맞게 선택한 후, 유동성 있게 조정하여 운영합니다. 1박 2일, 2박 3일 프로그램은 「실행 매뉴얼」에 제시됩니다).

| 워크샵 당일 프로그램 |

시간	순서	진행방법
10:00 – 10:50	예배	한 학교를 끝내게 된 것에 대해 감사예배를 드립니다. 찬양을 10분 정도 드린 후, 약 40분 정도 예배를 드립니다.
10:50 – 11:00	휴식 및 광고	잠시 쉬면서 오늘 일정에 대해 광고합니다.
11:00 – 12:00	1차 복습(1–4과)	한 과당 15분 정도로 복습합니다. 배운 핵심 내용을 완벽하게 익힐 수 있게 합니다.
12:00 – 1:00	식탁 교제	함께 식사하며 교제를 나눕니다.
1:00 – 1:30	휴식 및 찬양	식사 후 잠시 휴식시간을 갖고 오후 일정에 들어가기 10–15분 전부터 찬양을 시작합니다. 찬양과 함께 다음 순서를 시작합니다.

1:30 – 2:30	2차 복습(5-8과)	한 과당 15분 정도 복습 시간을 갖습니다. 배운 핵심 내용을 완벽하게 익힐 수 있게 합니다.
2:30 – 2:40	휴식	소그룹 모임을 위해 자리 이동을 합니다.
2:40 – 4:00	소그룹 간증	배운 내용을 적용하고 실천하는 것과 관련하여, 소그룹 구성원끼리 간증을 나눕니다. 대그룹 간증 시간에 대표로 발표할 구성원을 선정합니다.
4:00 – 4:10	휴식	쉬면서 다시 대그룹 모임을 위해 자리 이동을 합니다.
4:10 – 5:30	대그룹 간증	소그룹의 대표가 나와서 소그룹 간증 때 나누었던 간증을 발표합니다. 소그룹 내에서만 나누었던 간증을 모두가 함께 공유할 수 있습니다. 이때 발표만 할 것이 아니라, 질문이나 조언 등도 함께 나눌 수 있게 합니다.
5:30 – 7:00	식탁 교제(파티)	점심때보다 긴 시간을 할애하여 파티를 엽니다. 한 학교를 마치는 동안 수고한 것을 서로 격려하는 자리를 갖습니다.
7:00 – 8:00	결단의 시간 및 예배	마무리하는 예배를 드리고 예배 끝 부분에 결단의 시간을 갖습니다. 결단 목록을 미리 준비하여 함께 읽는 시간을 갖습니다. 결단 목록은 실행 매뉴얼에 제공됩니다.

MTS 개정판 매뉴얼

오늘 우리는…
이 과의 전체 학습 목표와도 같습니다.
이 과를 통해 궁극적으로 알아야 할 것이 무엇인지를 먼저 파악할 수 있게 해줍니다.

마음 문 열기
이 과의 학습 내용과 관련된 예화가 제시됩니다.
이어질 학습 내용을 이야기를 통해 먼저 쉽게 접할 수 있습니다.

여기서 잠깐
예화를 읽고 나서 생각을 스스로 점검할 수 있게 해주는 질문이 마련되어 있습니다.
잠깐의 묵상을 통해 좀 더 진지하게 학습 내용에 임할 수 있게 해줍니다.

배움과 익힘
본격적인 학습 내용이 제시되어 있는 공간입니다.
중제목(1, 2, 3…)과 소제목(가, 나, 다…) 틀 안에 반드시 알아야 할 내용들이 정리되어 있기 때문에 누구나 쉽게 학습할 수 있습니다. 또한 학습 내용을 뒷받침해 주는 성구들이 삽입되어 있습니다.

더불어 나눔
이 과를 공부하고 난 후, 소그룹 구성원과 나눌 수 있는 질문과 묵상 및 결단들이 제시되어 있습니다.
배운 내용을 토대로, 혹은 각자의 경험에 기반하여 솔직하게 대화할 수 있습니다.

마음 밭에 심기
– 주제 말씀 암송
배움과 익힘에 나온 여러 성구 중, 대표적이면서도 특별히 기억하면 좋은 성구가 제시되어 있습니다.
주제 말씀 암송과 더불어 말씀대로 실천하고자 노력한다면, 이 과를 더욱 풍성히 삶에 적용할 수 있을 것입니다.

마음에 새기기
이 과에서 다루어진 내용을 최종적으로 점검할 수 있는 공간입니다.
배움과 익힘의 내용이 중제목, 소제목별로 한 두 문장씩 정리가 되어 있기 때문에 복습하기에 유리합니다.

참고문헌 및 추천도서
참고했던 도서와 추가로 참고하면 좋은 도서들이 제시되어 있습니다.
개인적으로 공부를 더 하고자 할 때, 도움이 됩니다.

Contents

인사말 ● 2
들어가는 말 ● 4
MTS를 소개합니다 ● 6
MTS 개정판 매뉴얼 ● 12

개관

1과 | 성령의 의미 ● 14
2과 | 성령의 사역 ● 30

적용 1

3과 | 성령의 사람 되기 ● 42
4과 | 성령의 사람으로 살아가기 ● 56

적용 2

5과 | 성령의 은사 ● 68
6과 | 은사의 활용 ● 82
7과 | 성령의 열매 ● 96

실천

8과 | 성령 학교 워크북 ● 110

참고문헌 및 추천도서 ● 124

제1과
성령의 의미

오늘 우리는...
- 이 과를 통해, 성경에 나타난 성령 하나님에 대해 배우게 됩니다.
- 이 과를 통해, 성령님의 성품에 대해서 알게 됩니다.

마음 문 열기

　미국의 유명한 목회자들을 많이 배출한 댈러스 신학교가 있습니다. 그런데 1924년, 이 학교가 빚 때문에 폐교 위기에 놓였습니다. 학교를 설립한 루이스 스페리 쉐퍼 박사를 비롯한 여러 교수들은 학장실에 모여서 함께 기도하기 시작했습니다. 그때 유명한 설교자인 해리 아이언사이드 목사가 기도하다가 밖을 내다보게 되었고, 언덕에 굉장히 많은 가축이 한가롭게 풀을 뜯고 있는 것을 목격했습니다. 그는 그 즉시 이렇게 기도했습니다. "주님! 저 언덕의 수많은 가축이 다 주님의 것인데 그 중의 일부를 팔아서 우리가 안고 있는 이 빚을 갚도록 허락하여주옵소서." 그 가축은 남의 가축이었지만, 그는 그것조차 하나님의 것이라고 생각한 것입니다. 그

믿음으로 간절히 기도하고 있는데, 한참 후에 사무원이 학장실의 문을 두드리고 뛰어올라왔습니다. "학장님, 갑자기 카우보이 모자를 쓴 분이 와서 수표를 내놓고 갔습니다. 이 분이 오늘 트럭 두 대에 해당하는 가축을 시장에서 팔아 돈을 벌었는데, 그 돈으로 하려던 계약이 계속해서 성사되지 않았다고 합니다. 그런데 성령님께서 마음에 '이 돈을 신학교에 갖다주라'고 하셨고 결국 이렇게 돈을 가져오게 되었다고 합니다." 놀랍게도 가져온 수표의 금액은 학교에서 꼭 필요한 금액이었습니다. 이처럼 우리가 연약함 속에서 어찌할 바를 모를 때, 보혜사 성령님은 우리 곁에 다가오십니다. 그리고 인간의 생각을 초월한 방법으로 우리를 도우시고, 살아 계신 하나님을 체험하게 하십니다.

여기서 잠깐

당신의 삶에서 성령님은 어떤 존재입니까?
당신이 체험하고 만났던 성령님은 어떤 모습입니까?

배움과 익힘

1. 성령의 의미

가. 성령의 명칭

원어 성경에서 '성령'이란 '영'이란 뜻을 가진 프뉴마(πνευμα)에 '거룩한'이란 뜻을 가진 하기오스(ἁγιός)가 더해진 것입니다. 곧 '거룩한 영'이라는 의미를 가지고 있습니다. 성령은 삼위일체 하나님의 한 위격이며 인격자로서 거룩과 진리의 영이십니다.

> 주께서 사랑하시는 형제들아 우리가 항상 너희에 관하여 마땅히 하나님께 감사할 것은 하나님이 처음부터 너희를 택하사 성령의 거룩하게 하심과 진리를 믿음으로 구원을 받게 하심이니 데살로니가후서 2:13

성경에는 성령님의 본질, 성품, 사역 등과 관련하여 다양한 명칭들이 기록되어 있습니다.

1) 하나님의 성령

성령님은 하나님께로부터 보내심을 받으셨고(요한복음 15:26) 성령님을 통해 하나님의 역사와 섭리가 나타납니다(이사야 61:1; 마태복음 10:20).

> 하나님의 성령을 근심하게 하지 말라
> 그 안에서 너희가 구원의 날까지 인치심을 받았느니라 에베소서 4:30

2) 그리스도의 영

예수님께서는 아버지께로부터 성령을 받으사 성도들에게 부어 주셨습니다. 또한 성령님은 예수님을 증거 하고 나타내시며(요한복음 16:14), 그리스도를 구주로 영접하도록 이끄십니다(고린도전서 12:3).

> 만일 너희 속에 하나님의 영이 거하시면
> 너희가 육신에 있지 아니하고 영에 있나니
> 누구든지 그리스도의 영이 없으면 그리스도의 사람이 아니라 로마서 8:9

3) 진리와 생명의 영

성령님은 구원받은 성도들을 진리로 인도하시며 하나님의 생명을 부어 주십니다.

> 그러나 진리의 성령이 오시면
> 그가 너희를 모든 진리 가운데로 인도하시리니
> 그가 스스로 말하지 않고 오직 들은 것을 말하며
> 장래 일을 너희에게 알리시리라 요한복음 16:13

4) 생명의 영

율법은 죄를 밝혀내고 죄인들을 정죄하지만 성령님은 예수 그리스도를 믿는 모든 이들에게 율법이 줄 수 없는 죄 사함과 생명을 주십니다(고린도후서 3:6).

> 이는 그리스도 예수 안에 있는 생명의 성령의 법이
> 죄와 사망의 법에서 너를 해방하였음이로다 로마서 8:2

5) 영광의 영

성도의 믿음을 지키다가 세상에서 조롱과 멸시를 당할 때 성령님께서는 성도에게 하나님의 영광을 나타내 주시고 성도와 함께해 주십니다.

> 너희는 그리스도의 이름으로 치욕을 당하면 복 있는 자로다
> 영광의 영 곧 하나님의 영이 너희 위에 계심이라 히브리서 10:29

6) 약속의 영

성령님은 하나님의 구원의 약속이 실제로 이루어지도록 역사하시는 분입니다.

> 이는 그리스도 예수 안에서 아브라함의 복이 이방인에게 미치게 하고
> 또 우리로 하여금 믿음으로 말미암아
> 성령의 약속을 받게 하려 함이라 갈라디아서 3:14
>
> 그 안에서 너희도 진리의 말씀 곧 너희의 구원의 복음을 듣고
> 그 안에서 또한 믿어 약속의 성령으로 인치심을 받았으니 에베소서 1:13

나. 성령의 상징

성경에서 성령님을 상징하는 것에는 다음과 같은 것들이 있습니다.

1) 불

성령님은 오순절 마가 다락방에 '불의 혀' 같이 임하셨습니다. 성령님은 불과 같이 우리의 죄악을 소멸하여 정결한 그릇이 되게 하시고(히브리서 12:29), 심령을 뜨겁게 변화시켜서 신앙의 열심을 갖게 하십니다(사도행전 2:42).

> 마치 불의 혀처럼 갈라지는 것들이 그들에게 보여
> 각 사람 위에 하나씩 임하여 있더니 사도행전 2:3

2) 바람

성령님은 바람과 같이 어느 곳에서나 자유롭게 임하시며, 생명과 생기를 가져다주십니다.

> 홀연히 하늘로부터 급하고 강한 바람 같은 소리가 있어
> 그들이 앉은 온 집에 가득하며 사도행전 2:2

3) 물

성령님은 물과 같이 우리의 갈증을 해소시켜 주시고 생명력을 유지시켜 주십니다(요한복음 4:13-14). 또한 우리를 깨끗하고 정결하게 하십니다(갈라디아서 5:16).

> 명절 끝날 곧 큰 날에 예수께서 서서 외쳐 이르시되
> 누구든지 목마르거든 내게로 와서 마시라 나를 믿는 자는
> 성경에 이름과 같이 그 배에서 생수의 강이 흘러나오리라 하시니
> 이는 그를 믿는 자들이 받을 성령을 가리켜 말씀하신 것이라
> (예수께서 아직 영광을 받지 않으셨으므로
> 성령이 아직 그들에게 계시지 아니하시더라) 요한복음 7:37-39

4) 비둘기

성령님은 예수님께서 세례(침례)를 받으시고 나오실 때 비둘기와 같은 모습으로 예수님 위에 내려오셨습니다(마가복음 1:10; 누가복음 3:22; 요한복음 1:32). 비둘기는 성령님의 온유하시고, 은혜로우시고, 순결하시고, 평화로우시고, 신실하신 성품을 나타냅니다.

> 예수께서 세례(침례)를 받으시고 곧 물에서 올라오실새
> 하늘이 열리고 하나님의 성령이 비둘기 같이 내려
> 자기 위에 임하심을 보시더니 마태복음 3:16

5) 기름

예수님께서는 공생애를 시작하시면서 성령님의 임재를 기름 부음으로 묘사하셨습니다. 구약시대에 선지자, 제사장, 왕을 임명할 때 기름을 부었던 것처럼, 성령님은 특별한 사명을 맡기고 능력을 주는 분이시기 때문에 기름으로 상징됩니다.

> 주의 성령이 내게 임하셨으니 이는 가난한 자에게
> 복음을 전하게 하시려고 내게 기름을 부으시고 나를 보내사
> 포로 된 자에게 자유를, 눈 먼 자에게 다시 보게 함을 전파하며
> 눌린 자를 자유롭게 하고 누가복음 4:18

6) 인

성경에서 인을 친다는 것은 오늘날로 말하면 서명을 하는 것과 같은 의미로 쓰입니다. 성령님은 우리의 구원을 보증하시기 위해 오신 분으로서, 인으로 상징됩니다.

> 하나님의 성령을 근심하게 하지 말라
> 그 안에서 너희가 구원의 날까지 인치심을 받았느니라 에베소서 4:30

2. 성령의 속성

가. 하나님이신 성령

하나님은 성부 하나님, 성자 예수님 그리고 성령님으로 완전히 연합하여 하나 되신 삼위일체 하나님입니다. 성경은 성령님을 하나님이라고 분명히 가르치고 있습니다.

> 베드로가 이르되 아나니아야 어찌하여 사탄이 네 마음에 가득하여 네가 성령을 속이고 땅 값 얼마를 감추었느냐 땅이 그대로 있을 때에는 네 땅이 아니며 판 후에도 네 마음대로 할 수가 없더냐 어찌하여 이 일을 네 마음에 두었느냐 사람에게 거짓말한 것이 아니요 하나님께로다 사도행전 5:3-4

성령님은 하나님이시기 때문에 하나님의 모든 속성을 가지고 계십니다. 성령님은 하나님처럼 전지하시고(고린도전서 2:10), 전능하시고(누가복음 1:35), 무소부재하신(시편 139:7-8) 분입니다.

동시에 성령님은 성삼위일체 하나님이시지만, 성부와 성자로부터 분명히 구별됩니다. 성경에는 삼위 하나님께서 동시에 스스로를 나타내 보이신 장면이 나옵니다.

> 예수께서 세례(침례)를 받으시고 곧 물에서 올라오실새 하늘이 열리고
> 하나님의 성령이 비둘기 같이 내려 자기 위에 임하심을 보시더니
> 하늘로부터 소리가 있어 말씀하시되 이는 내 사랑하는 아들이요
> 내 기뻐하는 자라 하시니라 마태복음 3:16-17

> 그러므로 너희는 가서 모든 민족을 제자로 삼아
> 아버지와 아들과 성령의 이름으로 세례(침례)를 베풀고
> 내가 너희에게 분부한 모든 것을 가르쳐 지키게 하라 볼지어다
> 내가 세상 끝날까지 너희와 항상 함께 있으리라 하시니라 마태복음 28:19-20

나. 인격적이신 성령

성령님은 단순한 영향력이나 힘의 차원, 혹은 사물적인 개념이 아닙니다. 그분은 인격적 속성을 가지고 계신 분입니다. 성경은 성령님을 '그것'(It)이라는 비인칭대명사가 아닌, '그' 혹은 '그분'(He)이라는 인칭대명사로 부르고 있습니다.

> 내가 아버지께로부터 너희에게 보낼 보혜사
> 곧 아버지께로부터 나오시는 진리의 성령이 오실 때에
> 그가 나를 증언하실 것이요 요한복음 15:26

성령님은 인격체이시기 때문에 인격적 속성에 해당하는 지정의(知情意)를 가지고 계십니다. 지성을 가지고 계셔서 하나님의 깊은 것이라도 통달하시며(고린도전서 2:10), 감정을 가지고 계셔서 탄식하시면서 우리를 위해 간구해 주십니다(로마서 8:26). 또한 스스로 의지를 가지시

고 스스로 일을 행하십니다(고린도전서 12:11).

성령님께서 인격을 지니셨음을 깨닫는 것은 매우 중요합니다. 성령님이 인격적이심을 인정해야 성령님을 내 안에 모셔 들이고 의지할 수 있기 때문입니다.

다. 보혜사이신 성령

예수님은 성령님을 '보혜사'라고 지칭하셨습니다. 보혜사(파라클레토스, παράκλητος)는 위로자, 상담자, 조력자, 옹호자라는 뜻을 가지고 있는데, 한마디로 요약하면 연약한 우리를 '도와주시는 분'입니다.

> 보혜사 곧 아버지께서 내 이름으로 보내실 성령
> 그가 너희에게 모든 것을 가르치고
> 내가 너희에게 말한 모든 것을 생각나게 하리라 요한복음 14:26

보혜사 성령님의 역할은 크게 다섯 가지로 정리됩니다.
첫째, 항상 우리 곁에 계셔서 우리를 도와주십니다(로마서 8:26).
둘째, 모든 것을 가르치시고 깨닫게 해주십니다(요한일서 2:27).
셋째, 우리의 모든 슬픔과 고통을 위로해 주십니다(사도행전 9:31).
넷째, 하나님 앞에서 우리를 대신해 말씀하십니다(요한1서 2:1).
다섯째, 우리를 범사에 인도하시고 상담해 주십니다(요한복음 16:13).

3. 성경에 나타난 성령

가. 구약에 나타난 성령님

창세기 1장 3절 이후부터, 하나님께서는 "빛이 있으라"라고 말씀하시면서 본격적으로 세상을 창조하십니다. 그러나 세상이 창조되기 이전부터 하나님의 영이신 성령님은 운행하셨습니다.

> 땅이 혼돈하고 공허하며 흑암이 깊음 위에 있고
> 하나님의 영은 수면 위에 운행하시니라 창세기 1:2

이밖에도 성령님은 하나님의 거룩하심을 나타내시는 분(창세기 6:8), 하나님의 특별한 은사를 주시는 분(출애굽기 35:31), 생명을 주시는 분(이사야 32:15), 그리고 하나님의 뜻을 전해 주시는 분(이사야 40:13) 등으로 구약성경에 약 88번 언급됩니다.

구약성경은 오직 하나님만이 하실 수 있는 일들, 특히 창조와 부활, 회복을 성령님의 역사로 묘사하고 있습니다. 그렇게 함으로써 구약성경은 성령님을 하나님으로 증거 하고 있습니다.

> 주의 영을 보내어 그들을 창조하사
> 지면을 새롭게 하시나이다 시편 104:30

> 내가 또 내 영을 너희 속에 두어 너희가 살아나게 하고
> 내가 또 너희를 너희 고국 땅에 두리니
> 나 여호와가 이 일을 말하고 이룬 줄을 너희가 알리라
> 여호와(야훼)의 말씀이니라 에스겔 37:14

나. 신약에 나타난 성령님

예수님께서는 우리에게 성부, 성자, 성령의 이름으로 세례(침례)를 주라고 말씀하셨습니다.

> 그러므로 너희는 가서 모든 민족을 제자로 삼아
> 아버지와 아들과 성령의 이름으로 세례(침례)를 베풀고 마태복음 28:19

바울은 자신의 편지 마지막 인사에서 성도들을 축복하는데, 여기에서도 삼위일체 하나님을 언급하고 있습니다. 이 전통은 지금까지 이어져 예배의 마지막 순서인 축도에 사용되고 있습니다.

> 주 예수 그리스도의 은혜와 하나님의 사랑과 성령의 교통하심이
> 너희 무리와 함께 있을지어다 고린도후서 13:13

요한은 성령님께서 진리이신 예수님을 증언하는 분이시며, 또한 성령님 자체도 진리시라고 고백합니다.

> 이는 물과 피로 임하신 이시니 곧 예수 그리스도시라
> 물로만 아니요 물과 피로 임하셨고
> 증언하는 이는 성령이시니 성령은 진리니라 요한1서 5:6

특히 신약성경은 구약성경에서 '여호와(야훼) 하나님'께서 하신 일이나 말씀을 인용하면서 그것을 '성령'의 역사와 '성령'의 말씀으로 설명합니다. 예를 들어 예레미야서에서 여호와(야훼) 하나님이 백성의 마음에 새 법과 새 언약을 주시겠다고 하신 말씀을 히브리서가 인용하면서, 언약을 주시는 분은 '성령'이라고 말씀하고 있습니다. 이는 성령님이 삼위일체의 한 위로서 하나님이심을 보여주는 것입니다.

> 그러나 그 날 후에 내가 이스라엘 집과 맺을 언약은 이러하니
> 곧 내가 나의 법을 그들의 속에 두며 그들의 마음에 기록하여
> 나는 그들의 하나님이 되고 그들은 내 백성이 될 것이라
> 여호와(야훼)의 말씀이니라 예레미야 31:33
>
> 또한 성령이 우리에게 증언하시되 주께서 이르시되
> 그 날 후로는 그들과 맺을 언약이 이것이라 하시고
> 내 법을 그들의 마음에 두고
> 그들의 생각에 기록하리라 하신 후에 히브리서 10:15-16

더불어 나눔

1. 성경에 나타난 성령님의 상징들을 다시 한 번 떠올려보고, 그 상징하는 바처럼 성령님을 느껴본 적이 있다면 함께 나누어 봅시다.

   _____
   _____
   _____

2. 신앙생활, 사회생활에서 나 혼자만의 힘으로 이겨낼 수 없는 일들에 대해 생각해 봅시다. 그리고 보혜사 성령님께서 함께 하시면 그 모든 것을 할 수 있다는 믿음을 가져 봅시다.

   _____
   _____
   _____

마음 밭에 심기

주제 말씀 암송

이는 물과 피로 임하신 이시니 곧 예수 그리스도시라 물로만 아니요 물과 피로 임하셨고 증언하는 이는 성령이시니 성령은 진리니라 요한1서 5:6

마음에 새기기

성령님은 성경 안에서 다양하게 표현되고 상징됩니다

1. 성령님은 의미는 하기오스 프뉴마(άγιός πνευμα), 즉 '거룩한 영'입니다.
2. 성령님은 성경 안에서 하나님의 성령, 그리스도의 영, 진리와 생명의 영으로 표현되고 있습니다.
3. 성령님은 성경 안에서 불, 바람, 물, 비둘기, 기름, 인 등으로 상징됩니다.

성령님은 성삼위일체 하나님이십니다

1. 성령님은 우리를 도우시는 능력의 하나님이십니다.
2. 성령님은 우리를 대신하여 기도하시는 분입니다.
3. 성령님은 인격적이신 분이기에 우리가 그분의 마음에 합하지 않을 때 근심하실 수 있습니다.

구약과 신약 모두 성령님에 대해 증거합니다

1. 구약과 신약은 성령님께서 하나님의 역사를 이루신다고 증거 하고 있습니다.
2. 예수님은 성령님에 대해 분명히 강조하셨습니다.
3. 우리는 성령님을 통해 구원을 얻고, 성령님을 의지해 다른 사람들에게 복음을 전파해야 합니다.

제 2 과
성령의 사역

오늘 우리는...
- 이 과를 통해, 성령님께서 예수님의 구속 사역을 완성해 가심을 알게 됩니다.
- 이 과를 통해, 성령님께서 우리와 교회를 위해 지금도 일하신다는 것을 알게 됩니다.

마음 문 열기

한 신학생이 수업시간에 교수님으로부터 다음과 같은 말을 들었습니다.

"초대교회는 성령님의 놀라운 능력의 역사가 일어나는 교회였습니다. 걷지 못하는 자가 일어나고, 듣지 못하는 자가 듣고, 말하지 못하는 자가 말하였습니다. 베드로가 한 번 설교하면 3천 명, 5천 명이 회개하는 놀라운 역사가 일어났습니다. 그런데 왜 오늘날 그런 역사가 일어나지 않습니까? 그것은 바로 여러분, 가슴 속에 성령님께서 주시는 불이 꺼졌기 때문입니다. 성령님의 능력이 사라졌기 때문입니다. 여러분, 다시 일어서서 성령님의 능력을 체험하십시오. 그 능력을 받아서 다시 한 번 헌신하십시오."

그 신학생은 이 말을 듣고 큰 충격을 받았습니다. 그러고는 교수님을 찾아가 "제가 성령충만하도록 기도해 주십시오."라고 말했습니다. 교수님의 눈에는 그 학생이 별 볼 일 없는 청년으로 보였으나 간절한 요청에 감동 받아 "하나님 아버지, 이 종을 하나님의 위대한 사역자로 세워주옵소서."라고 기도했습니다.

신학생은 그때부터 마음이 뜨거워져서 신학교에 다닐 때 이미 교회를 개척했습니다. 그리고 교회성장을 배우기 위해 한국의 CGI대회까지 와서 조용기 목사님의 설교를 듣고 교회부흥의 비전을 품었습니다. 그 신학생이 바로 윌로우크릭교회의 빌 하이벨스 목사입니다. 이처럼 교회를 세우고 부흥시키시는 힘은 인간의 지혜와 능력이 아닌, 성령님의 역사입니다.

여기서 잠깐

성령님이 오늘 우리 교회에 행하고 계신 역사는 무엇입니까?
그 역사 속에서 과연 우리는 성령님의 인도하심을
느끼고 있습니까?

배움과 익힘

1. 구속 사역의 완성

가. 예수님의 탄생에 참여하심

아담의 타락으로 말미암아 인간은 죄의 권세 아래에 놓이게 되었습니다. 하나님께서는 인간을 죄로부터 구원하기 위해 독생자 예수 그리스도를 이 땅에 보내 주셨습니다. 그리고 성령님으로 하여금 예수님의 구속 사역을 돕도록 하셨습니다.

그 도움의 시작은 예수님의 탄생입니다. 마리아는 성령님의 능력으로 예수님을 잉태했습니다. 과학적으로 불가능한 일이지만, 성령님께서는 과학을 초월하는 분이시기에 동정녀 탄생의 기적을 행하셨습니다. 이처럼 성령님과 함께 예수님의 사역은 시작되었습니다.

> 천사가 대답하여 이르되
> 성령이 네게 임하시고 지극히 높으신 이의 능력이 너를 덮으시리니
> 이러므로 나실 바 거룩한 이는
> 하나님의 아들이라 일컬어지리라 누가복음 1:35

나. 예수님의 사역을 도우심

성령님의 도우심은 예수님께서 사역을 본격적으로 시작하는 공생애의 시작점에서도 나타납니다.

> 백성이 다 세례(침례)를 받을새 예수도 세례(침례)를 받으시고 기도하실 때에
> 하늘이 열리며 성령이 비둘기 같은 형체로 그의 위에 강림하시더니
> 하늘로부터 소리가 나기를 너는 내 사랑하는 아들이라
> 내가 너를 기뻐하노라 하시니라 누가복음 3:21-22

예수님께서 요한에게 물로 세례(침례)를 받고 기도하실 때에 성령님이 예수님께 임하셨습니다. 예수님께서 하나님의 아들이시라는 사실을 증거 하셨고 능력을 부어주셨습니다. 요단강의 물 세례(침례)와 성령 세례(침례)를 통해 성령으로 충만해진 예수님께서는 3년간의 공생애 사역을 시작하시게 되었습니다.

> 예수께서 성령의 충만함을 입어 요단 강에서 돌아오사
> 광야에서 사십 일 동안 성령에게 이끌리시며 누가복음 4:1

또한 성경은 성령님께서 예수님을 죽은 자 가운데서 살리셨다고 전하고 있습니다. 놀랍게도 이 사실은 죽을 수밖에 없는 우리 역시 성령님을 통해 살 수 있음을 알게 해줍니다. 따라서 우리는 성령님을 통해 우리에게 이루어질 부활을 소망하고 기대해야 합니다.

> 예수를 죽은 자 가운데서 살리신 이의 영이 너희 안에 거하시면
> 그리스도 예수를 죽은 자 가운데서 살리신 이가 너희 안에 거하시는
> 그의 영으로 말미암아 너희 죽을 몸도 살리시리라 로마서 8:11

다. 예수님의 사역을 이어가심

예수님께서는 부활하시고 승천하시면서 제자들에게 성령님을 기다리라고 말씀하셨습니다. 성령님께서 예수님의 사역을 도우셨던 것처럼 직접 제자들을 도우실 것이기 때문입니다.

> 볼지어다 내가 내 아버지께서 약속하신 것을 너희에게 보내리니
> 너희는 위로부터 능력으로 입혀질 때까지
> 이 성에 머물라 하시니라 누가복음 24:49

성령님은 오늘날 우리에게도 동일하게 약속된 분이십니다. 성령님은 하나님의 구속 사역이 완성될 때까지 우리와 동행하실 것입니다. 우리에게 최후 승리를 약속하시고, 우리가 그분을 신뢰하고 끝까지 붙들기만 한다면 우리를 절대 떠나지 않으실 것입니다. 우리는 이러한 성령님의 사역을 기대하며, 예수님께서 이 땅에 다시 오실 마지막 날까지 그분과 함께 해야 합니다.

2. 교회를 향한 성령의 사역

가. 연합하게 하심

예루살렘의 한 다락방에서 성령님을 기다리며 기도한 것은 한 사람이 아닌 120명이었습니다. 그들은 공동체를 이루어 서로 돕고 위로하며 함께 기도했습니다. 그 결과, 성령님께서 그들에게 임하셨고, 마가의 다락방으로부터 교회가 시작되었습니다. 다양한 사람들이 모였지만 성령님 안에서 서로 하나가 된 것입니다.

> 우리가 유대인이나 헬라인이나 종이나 자유인이나
> 다 한 성령으로 세례(침례)를 받아 한 몸이 되었고
> 또 다 한 성령을 마시게 하셨느니라 고린도전서 12:13

나. 사명을 감당케 하심

예수님의 몸 된 교회는 예수님의 사역을 이어가야 합니다. 이것이 교회의 사명입니다. 그런데 사명을 감당하는 것은 때로 환란과 고난을 수반합니다. 인간의 힘만 가지고는 교회에 맡겨주신 사명을 감당하기 어렵습니다. 이런 어려움 속에서 사명 완수를 가능케 하시는 분이 바로 성령님이십니다. 성령님은 교회가 맡은 사명을 온전히 감당하도록 환란과 고난을 기쁨과 능력으로 바꾸어나가십니다.

> 또 너희는 많은 환난 가운데서 성령의 기쁨으로 말씀을 받아
> 우리와 주를 본받은 자가 되었으니 데살로니가전서 1:6

초대교회 역시 성령의 힘으로 사명을 감당해 나갔습니다. 본래 초대교회는 완전하고 강한 존재가 아니었습니다. 성도들은 늘 고난과 박해에 노출되어 있었습니다. 그러나 오히려 그런 위기의 순간과 약함이 있었기 때문에 서로 배려하고 성령님을 의지할 수 있었습니다. 그리고 그 성령님의 도우심으로 사명을 완수할 수 있었습니다.

> 그러므로 내가 그리스도를 위하여
> 약한 것들과 능욕과 궁핍과 박해와 곤고를 기뻐하노니
> 이는 내가 약한 그 때에 강함이라 고린도후서 12:10

다. 부흥을 이끄심

초대교회가 성령의 능력으로 복음 전파에 힘쓴 결과, 믿는 사람들은 점점 늘어났습니다. 그것은 베드로의 설교나 바울의 가르침 때문이 아니라, 성령님께서 사람들의 마음을 만지고 위로해 주셨기 때문입니다. 우리도 복음을 전할 때 항상 성령님을 의지하고 그분께 모든 사역을 맡겨야 합니다. 그때 성령님께서 복음의 싹을 틔우십니다.

> 그리하여 온 유대와 갈릴리와 사마리아 교회가 평안하여
> 든든히 서 가고 주를 경외함과 성령의 위로로 진행하여
> 수가 더 많아지니라 사도행전 9:31

3. 개인에 대한 성령의 사역

가. 회개에 이르게 하심

성령님께서 이 땅에 오셔서 가장 먼저 하시는 일은 우리의 잘못에 대한 책망입니다. 이 책망은 징벌을 위한 것이 아닌 변화와 회복을 위한 것이기 때문에 우리는 성령님의 책망을 통해 진정한 회개로 나아가야 합니다.

> 그가 와서 죄에 대하여, 의에 대하여,
> 심판에 대하여 세상을 책망하시리라 요한복음 16:8

나. 하나님의 자녀로 변화시키심

구원받은 성도는 옛 모습을 버리고 새로운 모습으로 변화됩니다. 그 변화의 중심에서 우리를 이끄시는 분이 성령님입니다.

> 우리를 구원하시되 우리가 행한 바
> 의로운 행위로 말미암지 아니하고 오직 그의 긍휼하심을 따라
> 중생의 씻음과 성령의 새롭게 하심으로 하셨나니 디도서 3:5

그런데 구원을 받은 이후에도 우리는 여전히 부족한 삶을 살아갈 때가 많습니다. 때로는 하나님의 뜻을 어기고, 과거의 죄 가운데 다시 되돌아가기도 합니다. 그럼에도 성령님께서는 우리와 함께 하시면서 우리가 하나님의 자녀라는 것을 증언하십니다. 성령님의 증언으로 말미암아 우리는 당당히 하나님의 자녀로 설 수 있습니다.

다. 성령충만한 증인의 삶을 살게 하심

예수님께서는 승천하시기 전, 제자들에게 "성령님이 임하시면 그들이 권능을 받게 되고 땅끝까지 이르러 예수님의 증인이 되는 삶을 살게 될 것"이라고 말씀하셨습니다. 그러므로 성령으로 충만하여 권능을 받은 성도는 더 이상 자신을 위해 사는 것이 아니라 예수님의 증인이 되어 하나님의 영광을 위해 살게 됩니다.

> 오직 성령이 너희에게 임하시면 너희가 권능을 받고
> 예루살렘과 온 유대와 사마리아와 땅끝까지 이르러
> 내 증인이 되리라 하시니라 사도행전 1:8
>
> 성령이 친히 우리의 영과 더불어
> 우리가 하나님의 자녀인 것을 증언하시나니 로마서 8:16

라. 죄와 사망의 법에서 자유하게 하심

새로운 존재로 거듭나 하나님의 자녀가 된 사람은 더 이상 죄와 사망의 법 아래에 있지 않습니다. 성령님 안에서 해방되었기 때문입니다.

이제 우리는 이전에는 누릴 수 없었던 참된 자유를 삶 속에서 누릴 수 있게 되었습니다. 그리고 죄의 세력 앞에서도 당당히 자유를 선포할 수 있게 되었습니다.

> 이는 그리스도 예수 안에 있는 생명의 성령의 법이
> 죄와 사망의 법에서 너를 해방하였음이라 로마서 8:2

마. 그리스도인답게 살게 하심

진정한 자유란 자신의 뜻이 아닌 하나님의 뜻대로 사는 것입니다. 이것은 곧 예수님처럼 살아가는 것입니다. 이러한 삶을 살 때 하나님께서 기뻐하시고 빛과 소금이 되어 세상을 변화시킬 수 있습니다. 성령님께서는 우리가 이러한 삶을 살도록 그때그때 깨달음을 주십니다.

> 보혜사 곧 아버지께서 내 이름으로 보내실 성령
> 그가 너희에게 모든 것을 가르치고 내가 너희에게 말한
> 모든 것을 생각나게 하리라 요한복음 14:26

뿐만 아니라, 성령님은 우리를 직접 도우시며 친히 간구해 주십니다. 우리가 예수님을 닮아가는 방법을 깨닫고 알았다고 해도, 삶 속에서 온전히 실천해 나가는 데에는 한계가 있기 때문입니다. 우리는 이러한 성령님의 도우심을 온전히 경험할 때, 비로소 그리스도인답게 살아갈 수 있습니다.

> 이와 같이 성령도 우리의 연약함을 도우시나니
> 우리는 마땅히 기도할 바를 알지 못하나 오직 성령이 말할 수 없는 탄식으로
> 우리를 위하여 친히 간구하시느니라 로마서 8:26

더불어 나눔

1. 일상생활을 하거나 교회에서 사역을 감당할 때, 성령님의 직접적인 역사를 경험한 적이 있었다면 이야기해 봅시다.

   _____
   _____
   _____

2. 예수님의 사랑을 실천하는 것은 어려운 일입니다. 하지만 성령님께서 도우시기 때문에 우리는 사명을 감당할 수 있습니다. 성령님의 사역으로 사명을 잘 감당했던 신앙의 선진들에 대해 함께 나누어 봅시다.

   _____
   _____
   _____

마음 밭에 심기

> **주제 말씀 암송**
> 보혜사 곧 아버지께서 내 이름으로 보내실 성령 그가 너희에게 모든 것을 가르치고 내가 너희에게 말한 모든 것을 생각나게 하리라 요한복음 14:16

마음에 새기기

성령님은 예수님의 구속 사역을 완성하십니다

1. 성령님은 예수님의 동정녀 탄생을 가능케 하셨습니다.
2. 성령님은 예수님의 공생애 사역을 도우셨습니다.
3. 성령님은 예수님의 승천 이후에도 제자들과 우리를 통해 구속 사역을 이어가십니다.

성령님은 교회를 위해 사역하십니다

1. 성령님은 교회가 하나 되어 연합하게 하십니다.
2. 성령님은 환난 가운데서도 교회가 사명을 감당할 수 있게 하십니다.
3. 성령님은 교회의 부흥을 이끌어가십니다.

성령님은 우리 개개인을 위해 사역하십니다

1. 성령님은 우리로 하여금 회개에 이르게 하십니다.
2. 성령님은 우리를 하나님의 자녀로 세우시고 삶 속에서 참된 자유를 누리게 하십니다.
3. 성령님은 우리가 그리스도인답게 살 수 있도록 온전히 도우십니다.

제3과

성령의 사람 되기

오늘 우리는...
- 이 과를 통해, 중생과 성령 세례(침례)와 성령충만의 의미와 중요성에 대해 알게 됩니다.
- 이 과를 통해, 중생과 성령 세례(침례)와 성령충만을 받기 위한 방법을 알게 됩니다.

마음 문 열기

　임해식 목사가 쓴 『예수 내 인생의 산 소망』이라는 책의 내용 중에는 '황씨'라는 한 제소자의 이야기가 있습니다. 황씨는 소년 시절부터 절도, 폭력, 강도 등 죄를 많이 지어 교도소를 들락날락했습니다. 1970년 12월, 7개월의 복역 잔류기간을 남기고 안양교도소로 이송됐는데, 워낙 성격이 난폭한지라 교도소를 옮겨간 다음에도 기존 복역자들과 많이 싸웠습니다. 신참은 눈치를 보면서 조심해야 하는데 그는 그렇지 않았습니다. 두들겨 맞으면서도 계속 충돌이 있었습니다.

　그런데 어느 날, 또 두드려 맞다가 옆을 보니, 한 죄수가 옆에서 눈물로 기도하고 있었습니다. '아니, 저 사람은 누구기에 이렇게 싸우는데 기도를 하고 있는가?' 그 죄수를 쳐다본 순간 그 사람은

기도를 마치고 달려와서 황씨의 얼굴에 묻은 핏자국을 닦아주었습니다. 그리고 손을 붙잡고 간절히 기도했습니다. 그때 황씨의 마음이 녹았습니다.

　결국 황씨는 '이 사람이 믿는 예수 나도 믿어야겠다.'라고 생각하며 예수님을 믿게 되었습니다. 그리고 교도소에 전도하러 오신 전도사님을 통해서 은혜를 체험하고, '나도 이제 말씀대로 성령충만 받아야겠다.'라고 다짐하며 감방 안에서 성경을 읽고 기도하는 중에 성령을 받았습니다. 그는 데굴데굴 구르면서 통곡하고 회개하며 다음과 같이 기도했습니다. "하나님 저의 남은 삶을 하나님 영광 위해 살겠습니다. 이제는 저를 위해 살지 아니하고, 제 뜻과 고집으로 난폭한 삶을 살지 아니하고, 하나님 앞에 올바른 삶을 살기 원합니다." 그 눈물의 기도를 하고 변화되었습니다. 그렇게 난폭하고 싸움 잘하던 그가 예수님을 믿고 성령의 사람이 된 것입니다. 온순한 양처럼 변한 황씨의 모습에 교도소 간수들도 놀랐고, 결국 모범적인 생활을 인정해 주어 복역 기간을 석 달 줄여 주기까지 했습니다. 그의 변화 된 삶이 믿지 않는 사람들의 마음까지 움직였던 것입니다.

여기서 잠깐

성령님이 당신에게 허락하신 새로운 삶은
과연 어떤 모습인가요?

배움과 익힘

1. 성령과의 만남 (1) : 중생과 성령의 내주하심

가. 중생 : 구원에 이르는 순간

복음을 받아들이고 예수 그리스도를 구주로 영접하여 하나님의 자녀가 되는 것을 '중생'이라고 합니다. 중생은 거듭나서 구원받았음을 의미합니다.

> 영접하는 자 곧 그 이름을 믿는 자들에게는
> 하나님의 자녀가 되는 권세를 주셨으니 요한복음 1:12

중생한 사람은 교회의 예식인 물 세례(침례)를 통해 그리스도인이 되었음을 공식적으로 선포합니다.

나. 중생과 성령

누구든지 예수님을 믿게 될 때에 성령님께서 예수님을 주로 시인하게 하십니다. 따라서 성령님의 도우심 없이 그 누구도 구원을 받을 수 없습니다.

> 그러므로 내가 너희에게 알리노니
> 하나님의 영으로 말하는 자는 누구든지
> 예수를 저주할 자라 하지 아니하고 또 성령으로 아니하고는
> 누구든지 예수를 주시라 할 수 없느니라 고린도전서 12:3

다. 성령의 내주하심

우리가 예수님을 믿고 거듭난 이후 성령님께서 우리 마음에 들어와 계시는데, 이것을 성령님의 내주하심(indwelling)이라 합니다.

> 내가 아버지께 구하겠으니 그가 또 다른 보혜사를 너희에게 주사
> 영원토록 너희와 함께 있게 하리니 요한복음 14:16

※ 장로교단에서는 고린도전서 12장 3절을 근거로 중생과 성령 세례(침례)를 같은 의미로 해석하기도 합니다.

2. 성령과의 만남 (2): 성령 세례(침례)와 성령충만

예수님을 믿어 중생을 체험했으면서도 기쁨이 없고 소극적인 신앙생활을 하는 것은 성령으로 충만하지 않기 때문입니다. 모든 성도들은 중생 이후 성령 세례(침례)와 성령충만을 통해 감격과 감동이 넘치고 적극적으로 복음을 증거 하며 거룩한 삶을 살아야 합니다.

가. 성령충만의 중요성

중생한 그리스도인은 누구든지 성령의 충만함을 받아야 합니다. 성령충만이란 성령님께 온전히 사로잡혀 증인된 삶을 살기 위해 성령님의 권능을 받는 체험입니다. 성령충만을 받으면 권능을 받고 예수님의 증인으로 살아가게 됩니다.

> 오직 성령이 너희에게 임하시면 너희가 권능을 받고
> 예루살렘과 온 유대와 사마리아와 땅끝까지 이르러
> 내 증인이 되리라 하시니라 사도행전 1:8
>
> 아볼로가 고린도에 있을 때에 바울이 윗 지방으로 다녀
> 에베소에 와서 어떤 제자들을 만나 이르되
> 너희가 믿을 때에 성령을 받았느냐 이르되
> 아니라 우리는 성령이 계심도 듣지 못하였노라 사도행전 19:1-2

나. 오순절 성령 강림

예수님께서는 승천하시면서 제자들에게 예루살렘을 떠나지 말고 아버지의 약속하신 것(성령 세례(침례))을 기다리라고 명령하셨습니다(사도행전 1:4-5). 예수님의 말씀을 따라서 예루살렘의 한 다락방에 모여 열심히 기도하던 제자들에게 오순절 날 마침내 성령님께서 강림하셨습니다. 제자들은 성령 세례(침례)를 받고 성령으로 충만하게 되었습니다(사도행전 2:1-4).

> 사도와 함께 모이사 그들에게 분부하여 이르시되
> 예루살렘을 떠나지 말고 내게서 들은 바 아버지께서 약속하신 것을 기다리라
> 요한은 물로 세례(침례)를 베풀었으나 너희는 몇 날이 못되어
> 성령으로 세례(침례)를 받으리라 하셨느니라 사도행전 1:4-5

> 오순절 날이 이미 이르매 그들이 다같이 한 곳에 모였더니
> 홀연히 하늘로부터 급하고 강한 바람 같은 소리가 있어
> 그들이 앉은 온 집에 가득하며 마치 불의 혀처럼 갈라지는 것들이
> 그들에게 보여 각 사람 위에 하나씩 임하여 있더니 사도행전 2:1-3

다. 성령 세례(침례)와 성령충만

중생한 자가 주님의 사역을 감당하고 승리의 삶을 살아가기 위해 성령님께 온전히 사로잡히는 체험을 성령충만이라고 합니다. 우리가 성령충만할 때, 우리 안에 하나님의 능력이 부어지며, 하나님의 뜻을 분별할 수 있게 됩니다.

장로 교단에서는 고린도전서 12장 13절을 근거로 중생과 성령 세례(침례)를 동일시하나, 오순절 교단에서는 사도행전 1장 4-5절을 근거로 중생이후의 성령 세례(침례)를 주장하며, 성령충만의 시작을 성령의 세례(침례)로 봅니다.

> 그들이 다 성령의 충만함을 받고 성령이 말하게 하심을 따라
> 다른 언어들로 말하기를 시작하니라 사도행전 2:4

우리는 지금 성령시대를 살고 있습니다. 초대교회 때부터 시작되었던 성령충만의 역사는 이 시대를 살고 있는 우리에게도 이어져야 합니다.

> 그 후에 내가 내 영을 만민에게 부어 주리니
> 너희 자녀들이 장래 일을 말할 것이며 너희 늙은이는 꿈을 꾸며
> 너희 젊은이는 이상을 볼 것이며 그 때에 내가 또 내 영을
> 남종과 여종에게 부어 줄 것이며 요엘 2:28-29

라. 성령충만한 삶의 모습
1) 하나님의 살아 계심을 체험하는 삶

많은 그리스도인이 하나님의 살아 계심을 믿는다고 하지만, 정작 삶 속에서 문제가 닥치면 하나님의 도우심을 의심합니다. 또한 예수님이 나의 구원자이심을 인정한다고 하면서도, 정작 매 순간 내 삶을 구원하시는 그분의 손길을 느끼지 못합니다. 하나님을 만나고, 경험하기 위해서는 성령님의 도우심이 필요합니다.

성령충만하면 살아 계신 하나님을 체험할 수 있으며 기쁨과 소망이 넘치는 삶을 살게 됩니다. 삶 가운데에서 하나님의 존재를 느끼게 되고, 매 순간 예수님을 통한 구원의 역사를 체험하게 됩니다.

> 제자들은 기쁨과 성령이 충만하니라 사도행전 13:52

2) 예수님을 닮아가는 삶

모든 그리스도인의 목표는 예수님을 닮아가는 것입니다. 이러한 목표는 오직 성령님을 통해서만 가능합니다. 성령충만하면 우리 자신은 죽고 우리의 삶을 통해 그리스도만이 나타나게 됩니다. 성령충만은 곧 예수충만입니다. 성령으로 충만한 사람은 예수님의 은혜를 깊이 알고 감사, 감격하며 예수님만을 높이게 됩니다.

또한 성령님은 예수님이 하신 일들을 우리에게 확증하시고, 우리가 하나님을 위해서 살아갈 수 있도록 도와주십니다. 그 결과 성령충만한 자는 예수님의 삶과 사역을 뒤따르는 사람으로 성장하게 됩니다.

> 내가 아버지께로부터 너희에게 보낼 보혜사
> 곧 아버지께로부터 나오시는 진리의 성령이 오실 때에
> 그가 나를 증언하실 것이요 요한복음 15:26

3) 말씀을 온전히 이해하고 적용하는 삶

성령님의 도우심이 아니면, 성경말씀을 읽어도 무슨 뜻인지 이해하지 못합니다. 성경은 하나님의 감동으로 기록된 책이기 때문입니다.

성령충만하면 말씀의 영적 의미를 깨닫게 되고, 삶 속에 적용할 힘을 얻습니다. 이렇게 말씀을 올바르게 적용해 나감으로써 올바른 신앙인으로 살아갈 수 있습니다.

> 모든 성경은 하나님의 감동으로 된 것으로
> 교훈과 책망과 바르게 함과 의로 교육하기에 유익하니 디모데후서 3:16

마. 성령충만의 증거

1) 내적 증거

첫 번째 내적 증거는 구원의 확신입니다. 성령님은 우리를 인치심으로 하나님의 자녀가 되었다는 사실을 증거 하십니다. 그러므로 우리는 성령충만할 때, 구원에 대한 확신을 더욱 견고하게 가지게 됩니다.

> 그 안에서 너희도 진리의 말씀 곧 너희의 구원의 복음을 듣고
> 그 안에서 또한 믿어 약속의 성령으로 인치심을 받았으니
> 이는 우리 기업의 보증이 되사 그 얻으신 것을 속량하시고
> 그의 영광을 찬송하게 하려 하심이라 에베소서 1:13-14

두 번째 내적 증거는 기쁨과 평안입니다. 하나님의 사랑이 우리 안에 부어질 때 우리는 환난 중에도 즐거워하게 됩니다. 성령께서 주시는 기쁨은 인간적인 기쁨의 경지를 뛰어넘기 때문입니다.

> 다만 이뿐 아니라 우리가 환난 중에도 즐거워하나니
> 이는 환난은 인내를, 인내는 연단을, 연단은 소망을 이루는 줄 앎이로다
> 소망이 우리를 부끄럽게 하지 아니함은 우리에게 주신 성령으로 말미암아
> 하나님의 사랑이 우리 마음에 부은 바 됨이니 로마서 5:3-5

2) 외적 증거

첫 번째 외적 증거는 다양한 은사입니다. 성령님은 성도들로 하여금 한 몸이 되게 하시면서, 각자의 역할을 감당하는 데 필요한 은사를 주십니다. 그 결과, 성령충만한 교회에는 다양한 은사가 나타납니다.

> 각 사람에게 성령을 나타내심은 유익하게 하려 하심이라 고린도전서 12:7

두 번째 외적 증거는 증인의 삶입니다. 성령충만한 삶은 곧 그리스도의 증인이 되는 삶입니다. 사도행전의 예루살렘교회는 박해의 환경 속에서도 성령충만으로 말미암아 담대하게 복음을 전할 수 있었습니다.

> 빌기를 다하매 모인 곳이 진동하더니 무리가 다 성령이 충만하여 담대히 하나님의 말씀을 전하니라 사도행전 4:31

3. 성령의 사람이 되려면

성령 세례(침례)를 받고 성령충만한 삶을 살아가기 위해서는 어떻게 해야 할까요?

가. 마음으로 소원하기

성령 세례(침례)를 받고 성령충만한 삶을 살게 되는 것은 우리의 노력이 아닌 하나님의 선물로 주어지는 것입니다. 그렇다고 해서 구하지 않고 원하지 않는 사람은 선물을 받지 못합니다. 바울이 만났던 에베소 교회 성도들은 성령님에 대해 몰랐기 때문에 구하지 않았고 받지도 못했습니다.

> 이르되 너희가 믿을 때에 성령을 받았느냐 이르되
> 아니라 우리는 성령이 계심도 듣지 못하였노라 사도행전 19:2

예수님께서는 목마른 자에게 와서 마시라고 말씀하십니다. 그러므로 갈급함으로 나아오는 자만이 생수의 강, 바로 성령님과 만날 수 있습니다.

> 명절 끝날 곧 큰 날에 예수께서 서서 외쳐 이르시되
> 누구든지 목마르거든 내게로 와서 마시라
> 나를 믿는 자는 성경에 이름과 같이 그 배에서
> 생수의 강이 흘러나오리라 하시니 이는 그를 믿는 자들이 받을 성령을
> 가리켜 말씀하신 것이라······ 요한복음 7:37-39

나. 기도로 간구하기

'구하면 주신다'라는 하나님의 약속을 믿고 기도해야 합니다. 특히 성령님과의 만남을 구하는 것은 그 자체로 예수님의 뜻입니다. 우리의 욕심이 아니라 하나님의 사명을 감당하기 위함이기 때문에 하나님께서는 그 기도를 반드시 들어 주십니다.

> 너희가 악할지라도 좋은 것을 자식에게 줄 줄 알거든
> 하물며 너희 하늘 아버지께서 구하는 자에게
> 성령을 주시지 않겠느냐 하시니라 누가복음 11:13

다. 믿음으로 기다리기

기도로 구했으면, 반드시 주실 것이라는 사실을 믿고 기다려야 합니다. 기도가 하나님을 향한 신뢰로 이어져야 합니다. 그런 사람에게 성령이라는 하나님의 선물이 임합니다.

> 그러므로 내가 너희에게 말하노니
> 무엇이든지 기도하고 구하는 것은 받은 줄로 믿으라
> 그리하면 너희에게 그대로 되리라 마가복음 11:24

더불어 나눔

1. 우리가 성령의 사람이 되어야 하는 주된 목적은 무엇인지 함께 나누어 봅시다.

   _____
   _____
   _____

2. 성령님과의 만남과 인격적인 교제를 통해 더욱 하나님의 뜻에 합당하게 살 수 있도록 노력하고, 좌로나 우로나 치우치지 않는 그리스도인이 될 것을 결단합시다.

   _____
   _____
   _____

마음 밭에 심기

> **주제 말씀 암송**
>
> 그 후에 내가 내 영을 만민에게 부어 주리니 너희 자녀들이 장래 일을 말할 것이며 너희 늙은이는 꿈을 꾸며 너희 젊은이는 이상을 볼 것이며 그 때에 내가 또 내 영을 남종과 여종에게 부어 줄 것이며 요엘 2:28-29

마음에 새기기

구원받은 성도는 성령 세례(침례)를 받아야 합니다

1. 중생에 이른 성도는 성령과의 만남이 필요합니다.
2. 성령 세례(침례)를 받아야 권능을 받고 하나님의 증인으로 살아갈 수 있습니다.

구원받은 성도는 성령충만의 삶을 살아야 합니다

1. 성령충만은 성령님께 온전히 사로잡혀서 하나님과 동행하는 것입니다.
2. 성령충만하면 하나님의 살아 계심을 체험하고, 예수님을 닮아가며, 말씀 중심의 삶을 살게 됩니다.
3. 성령충만의 증거는 구원의 확신, 기쁨과 평안, 다양한 은사, 예수님의 증인으로서의 삶입니다.

누구나 성령의 사람이 될 수 있습니다

1. 갈급함으로 성령 세례(침례) 받고 성령충만하기를 소원해야 합니다.
2. 기도로 성령을 간절히 구해야 합니다.
3. 성령을 주신다는 약속의 말씀을 믿고 기다려야 합니다.

제4과
성령의 사람으로 살아가기

오늘 우리는…
- 이 과를 통해, 성령의 사람으로서 어떻게 살아가야 하는지를 알게 됩니다.
- 이 과를 통해, 성령의 사람으로서 살아갈 때, 누릴 수 있는 은혜에 대해서 알게 됩니다.

마음 문 열기

　『싱크 빅』이라는 책을 쓴 벤 카슨 박사는 현재 미국 존스홉킨스 대학 병원 소화신경외과 과장으로 있습니다. 그는 1987년, 세계에서 처음으로 머리와 몸이 붙었던 샴쌍둥이를 분리하는 데 성공하여 세계적인 명성을 얻었고, 이 수술을 통해 벤 카슨 박사의 손은 '은혜의 손'이라는 별명을 얻게 되었습니다.
　그러나 그의 어린 시절을 보면, 참으로 암담하고 어두웠습니다. 디트로이트의 빈민가에서 홀어머니와 함께 어린 시절을 보냈습니다. 초등학교 5학년 때까지 구구단을 못 외웠고, 수학 시험을 보면 늘 꼴찌를 했습니다. 친구들에게 놀림당하고, 사람들에게 손가락질받는 절망적인 삶이었습니다.

그러나 그의 어머니는 기도하는 어머니였습니다. 기자가 벤 카슨에게 물었습니다. "지금의 당신을 만들어 준 것은 무엇입니까?" 그러자 그는 이렇게 대답했습니다. "나의 어머니, 소냐 카슨 덕분입니다. 어머니는 내가 꼴찌를 하고 친구들에게 왕따를 당할 때에도 '벤, 넌 무엇이든지 할 수 있어! 힘들면 하나님께 기도하자. 하나님께서 널 도와주실 거야.' 라며 늘 꿈을 불어넣어 주셨습니다. 어머니와 함께 예수님을 믿고 기도할 때, 주님께서 저를 도와주셨고, 오늘날 이처럼 놀라운 복을 받게 된 것입니다."

벤 카슨의 어머니는 아들이 공부를 못하고, 바보 같다며 야단치지 않았습니다. 그저 하나님께서 도우실테니 잘할 수 있을 거라며 기도하게 했습니다. 그 결과, 그는 세계적인 의학박사로 쓰임 받게 된 것입니다.

여기서 잠깐

성령님은 우리의 부족한 부분을 메우실 뿐만 아니라, 능력을 차고 넘치게 하십니다. 우리는 그런 성령님과의 동행을 얼마나 간절히 소원합니까?

배움과 익힘

1. 성령님과 교제하기

성령의 사람이 누릴 수 있는 최고의 영광은 성령님과 교제하며 살아갈 수 있다는 것입니다. 성령님과 교제하는 모습은 크게 두 가지로 이해할 수 있습니다.

가. 모셔 들이기

성령의 사람으로 살아가기 위해서는 성령님을 매 순간 내 안에 모셔 들여야 합니다. 이것은 곧 성령충만한 상태를 이어가는 것과 같습니다. 성령님을 매 순간 모셔 들이기 위해서는 두 가지가 필요합니다.

성령님을 간구하는 마음을 항상 가져야 합니다. 기쁠 때든지, 슬플 때든지, 어떤 상황에서든 '성령님을 사모하는 마음'을 가져야 합니다. 또한 매 순간 '말씀을 가까이' 해야 합니다. 성령님은 말씀 가운데 임하시기 때문에 말씀을 자주 상고하고 묵상해야 합니다.

이렇게 성령님을 매 순간 모셔 들이는 것 자체가 성령님과의 교제입니다. 성령님이 내 안에 내주하시게 되면, 성령님이

내 삶을 완전히 장악하시게 됩니다. 성령님이 내 생각과 마음을 주관하시는 것입니다. 이것은 매 순간 성령님과 교통하는 삶으로 이어집니다. 그리고 이런 삶은 예수님의 은혜와 하나님의 사랑을 분명히 체험할 수 있게 해줍니다.

> 만일 우리가 성령으로 살면 또한 성령으로 행할지니 갈라디아서 5:25

나. 함께 하신다는 믿음을 갖기

우리가 삶 속에서 근심하고 낙심하는 것은 '그 문제 자체' 때문이 아니라 '그 문제를 이겨내지 못할 것 같다는 자신의 마음' 때문입니다. 그러므로 아무리 고통스러운 순간에도 누군가가 함께 한다고 생각하면 두려움은 사라지기 시작합니다. 더욱이 문제를 완벽하게 해결하시고 도우실 분이 바로 내 곁에 있다고 생각하면 우리는 그 두려움에서 완전히 벗어나게 됩니다.

성령의 사람이 이 땅에서 하나님의 나라를 경험할 수 있는 비결이 여기에 있습니다. 성령님이 함께 하신다는 사실을 늘 믿고 기억한다면, 더 이상 그 어떤 것도 문제가 되지 않습니다. 그러므로 성령의 사람은 그 어떤 순간에도 혼자가 아님을 기억해야 합니다. 이처럼 성령님의 내주하심을 믿으며 살아가는 것이 성령님과 교제하는 삶입니다.

또한 성령님의 함께 하심, 즉 성령님의 존재를 늘 기억하는 사람은 문제를 뛰어넘을 뿐만 아니라 거룩한 삶으로 나아가게 됩니다. 자신이 성령의 전임을 늘 기억하기 때문입니다.

> 너희 몸은 너희가 하나님께로부터 받은 바
> 너희 가운데 계신 성령의 전인 줄을 알지 못하느냐
> 너희는 너희 자신의 것이 아니라 고린도전서 6:19

2. 성령 안에서 예배하기

성령의 사람은 내 힘이나 의지대로 드리는 예배가 아니라 성령님 안에서 드려지는 예배의 삶을 살게 됩니다.

가. 성령 안에서 기도하기

사람은 연약하기에 자칫 자신의 욕심을 채우기 위한 기도를 할 수 있습니다. 하지만 욕심을 채우려는 기도는 하나님 앞에서 온전한 기도가 아닙니다. 우리가 온전한 기도를 드릴 수 있는 방법은 성령님 안에서 기도하는 것입니다. 성령님은 오직 하나님의 뜻 안에서 기도하게 하시기 때문입니다.

> 모든 기도와 간구를 하되 항상 성령 안에서 기도하고
> 이를 위하여 깨어 구하기를 항상 힘쓰며
> 여러 성도를 위하여 구하라 에베소서 6:18

이와 같이 성령님 안에서 드린 기도는 반드시 응답됩니다. 하나님의 마음과 우리의 기도에 담긴 내용이 일치하기 때문입니다. 예수님은 구하는 것마다 다 응답될 때가 온다고 말씀하셨는데, 이 때는 예수님의 죽음과 부활 이후, 곧 '성령님이 오셨을 때'를 가리킵니다. 성령님이 오시고 난 후부터는 성령으로 드리는 기도가 가능해지고, 이런 기도야말로 온전한 응답을 기대할 수 있다는 것입니다.

또한 성령님 안에서 기도하면 쉬지 않고 기도하는 것(데살로니가전서 5:17)이 가능해집니다. 성령님은 우리를 위하여 간구하시며, 우리가 쉬지 않고 기도하도록 도우십니다.

> 이와 같이 성령도 우리의 연약함을 도우시나니
> 우리는 마땅히 기도할 바를 알지 못하나
> 오직 성령이 말할 수 없는 탄식으로
> 우리를 위하여 친히 간구하시느니라 로마서 8:26

나. 말씀 가운데 성령의 음성 듣기

성경은 문자로 기록되어 있습니다. 성경에 기록된 글자 하나하나가 다 하나님의 말씀입니다. 문자로 기록된 그 말씀 가운데에서 성령님이 역사하시면 그 기록된 말씀들은 우리 마음속에서 하나님의 음성으로 들려집니다. 이렇게 특별한 성령님의 음성을 들을 때 성경말씀이 더욱 능력있는 말씀으로 우리 삶에 다가오게 됩니다.

> 구원의 투구와 성령의 검 곧 하나님의 말씀을 가지라 에베소서 6:17

우리는 성경을 읽을 때마다 성령님의 조명하심을 구하고, 레마가 마음속에 울리기를 소망해야 합니다. 내 생각과 판단으로 받아들이려 하지 말고 성령님의 깨닫게 하심을 구해야 합니다. 그러할 때, 우리의 삶 속에 말씀이 살아서 역사합니다.

> 그 날에는 너희가 아무 것도 내게 묻지 아니하리라
> 내가 진실로 진실로 너희에게 이르노니 너희가 무엇이든지
> 아버지께 구하는 것을 내 이름으로 주시리라 요한복음 16:23

또한 성경을 읽을 때, 반드시 성령님이 그 가운데 임하실 것임을 확신하고 기대해야 합니다. 우리는 간혹 머리로 이해하기 어려운 말씀들을 멀리할 때가 있습니다. 그러나 말씀을 가까이하고 사모하면 할수록 성령님께서는 우리가 몰랐던 깨달음을 주십니다. 베드로가 고넬료 가족에게 말씀을 전할 때를 보면 그 사실을 잘 알 수 있습니다. 베드로가 말씀을 전하자 그 자리에 성령님이 임하셨습니다. 거기 모인 이방인들이 변화되어 세례(침례) 받는 역사가 일어났습니다.

> 베드로가 이 말을 할 때에
> 성령이 말씀 듣는 모든 사람에게 내려오시니 사도행전 10:44

뿐만 아니라 성령님은 그때그때마다 우리에게 필요한 말씀을 허락

하시고, 같은 말씀이라도 상황에 따라 새로운 깨달음을 주십니다. 성경은 살아 있는 하나님의 말씀이기 때문입니다. 이처럼 말씀을 사모하고 그 가운데에서 성령님의 음성에 귀 기울여야 합니다.

다. 성령 가운데 찬양하기

하나님께서는 찬양 받으시기 위해 우리를 백성으로 택하셨습니다.

> 이 백성은 내가 나를 위하여 지었나니
> 나를 찬송하게 하려 함이니라 이사야 43:21

성령님께서는 우리가 찬양으로 하나님께 나아갈 수 있도록 인도하십니다. 일반적인 노래를 부르듯이 입술로만 찬양을 하는 것이 아니라, 영이 하나님을 바라보고 찬양할 수 있게 하십니다. 성령님께서 우리의 영을 주장하시기 때문입니다.

> 술 취하지 말라 이는 방탕한 것이니 오직 성령으로 충만함을 받으라
> 시와 찬송과 신령한 노래들로 서로 화답하며
> 너희의 마음으로 주께 노래하며 찬송하며 에베소서 5:18-19

3. 성령님과 동역하기

가. 예수님의 증인이 되기

예수님께서는 제자들에게 땅끝까지 이르러 증인이 되라고 말씀하셨습니다. 우리 또한 예수님을 따르는 자가 되어 이 사명을 받았습니다. 구원을 받고, 사랑을 입음과 동시에 사명을 받은 것입니다. 하나님께서 이렇게 우리를 먼저 부르신 이유는, 아직 복음을 듣지 못한 사람들에게 나아가도록 하기 위함입니다.

성령님께서는 우리가 하나님의 뜻을 따라 세상에 복음을 전파할 수 있도록 도우십니다. 예수님께서 세상을 구원하기 위해 이 땅에 오신 것처럼, 성령님께서도 하나님의 구원 계획을 이 땅에 이루기 위해 오신 것입니다. 그래서 예수님은 제자들에게 마지막으로 성령님을 기다리라고 말씀하셨고, 성령님께서 임하시면 복음 전파의 사명을 감당하게 될 것이라고 말씀하셨습니다.

> 오직 성령이 너희에게 임하시면 너희가 권능을 받고
> 예루살렘과 온 유대와 사마리아와 땅끝까지 이르러
> 내 증인이 되리라 하시니라 사도행전 1:8

비록 예수님께서는 승천하셨지만, 예수님이 보내신 성령님을 통해 우리는 사명을 기억하고 실천하게 됩니다. 세상을 살아가다 보면, 우리의 정체성과 사명을 잃어버릴 때가 있습니다. 그럴 때마다 우리는 성령님을 통해 우리의 증인 된 사명을 기억할 수 있습니다.

> 보혜사 곧 아버지께서 내 이름으로 보내실 성령
> 그가 너희에게 모든 것을 가르치고
> 내가 너희에게 말한 모든 것을 생각나게 하리라 요한복음 14:26

나. 인도하심대로 나아가기

성령님께서는 우리를 세상으로 나아가게 하실 뿐 아니라 그곳에서 해야 할 일들을 세심하게 가르쳐 주십니다. 성령님과 동역하는 것은 어떤 특정한 일을 하는 것을 뛰어넘어 매 순간 성령님과 음성을 듣고 그 인도하심에 순종하는 것입니다.

빌립이 수레 위에서 이사야의 글을 읽고 있는 에티오피아 내시를 봤을 때, 성령님께서는 그 내시에게 다가가라고 빌립에게 말씀하셨습니다. 우리 역시 만나야 할 사람과 피해야 할 사람, 해야 할 일과 하지 말아야 할 일, 해야 할 말과 하지 말아야 할 말을 성령님께로부터 듣고 행해야 합니다. 우리가 순종할 때 성령님께서 모든 것을 합력하여 선을 이루실 것입니다.

> 성령이 빌립더러 이르시되
> 이 수레로 가까이 나아가라 하시거늘 사도행전 8:29

> 마땅히 할 말을 성령이 곧 그 때에
> 너희에게 가르치시리라 하시니라 누가복음 12:12

더불어 나눔

1. 예배를 드리는 가운데 함께 하시며, 하나님과 교제하도록 도우시는 성령님을 경험했던 순간이 있었다면 이야기해 봅시다.

   _____
   _____
   _____

2. 성령님이 함께 하시면 세상의 어떤 방해도 뛰어넘을 수 있습니다. 성령님과 동행하면 무엇이든 할 수 있다는 믿음을 갖고, 성령의 사람이 되기를 결단합시다.

   _____
   _____
   _____

마음 밭에 심기

> **주제 말씀 암송**
> 만일 우리가 성령으로 살면 또한 성령으로 행할지니
> 갈라디아서 5:25

마음에 새기기

성령의 사람은 성령님과 교제해야 합니다

1. 성령님과 교제할 수 있다는 것은 우리에게 큰 영광이자 기쁨입니다.
2. 성령님을 모셔 들임으로써 꾸준히 성령님과 교제해야 합니다.
3. 성령님이 함께 하심을 늘 상기하고 확신해야 합니다.

성령의 사람은 성령 안에서 예배해야 합니다

1. 성령 안에서 기도할 때, 하나님 앞에 온전한 기도를 드릴 수 있습니다.
2. 성령님께서는 말씀 가운데 임하셔서, 우리에게 하나님의 뜻을 깨닫게 하십니다.
3. 성령님께서는 영으로 찬양할 수 있게 하십니다.

성령의 사람은 성령님과 동역해야 합니다

1. 예수님은 복음 전파의 사명을 맡기고 승천하셨습니다.
2. 우리는 성령님과 더불어 예수님이 맡기신 사명을 온전히 감당할 수 있습니다.
3. 성령님과 동역하는 것은 매 순간 성령님의 인도하심에 맡기고 따라가는 것입니다.

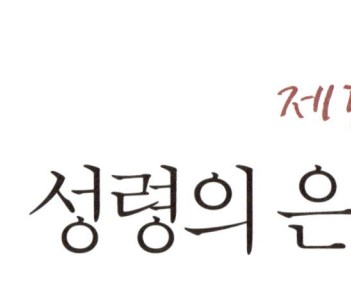

제5과
성령의 은사

오늘 우리는…
- 이 과를 통해, 은사의 의미와 은사를 주신 이유를 알게 됩니다.
- 이 과를 통해, 다양한 은사와 그 속성에 대해 알게 됩니다.

마음 문 열기

한재섭 집사의 책 『CEO가 된 택시기사』에 등장하는 고백입니다. 그는 택시 기사로 일하면서 많은 사람에게 복음을 전했는데, 성령충만을 받고 나서 큰 기적을 체험했습니다. 2007년 2월 분당 미금역 사거리에서 노방전도를 하던 중 그는 선천적으로 말을 못하는 초등학생을 만났습니다. 갑자기 성령의 감동이 와서 간절히 이 소년을 위해서 기도하게 되었습니다. 그때 일어난 일을 그는 이렇게 기록합니다.

"'주여!'를 두세 번 외치면서 그 아이 머리 위에 손을 얹고 아주 간절한 마음으로 기도하는 순간 놀라운 일이 일어났습니다. 아이가 갑자기 배를 움켜잡고 토하기 시작했습니다. 예사롭지 않다는 생각이 들어 방언기도로 악한 영과 귀신을 물리치고 있었습니다. 얼마간의 시간이 흐르자 아이가 갑자기 벌떡 일어서서 '아저씨 됐어요. 아저씨 됐어.'라고 하면서 펄쩍펄쩍 뛰고 울며 고함을 쳤습니다. 선천적으로 말을 못하던 아이가 말을 하는 순간이었습니다."

여기서 잠깐

어떻게 하면 성령의 은사를 통해,
이 세상에서 선한 영향력을 끼칠 수 있을까요?

_____

_____

배움과 익힘

1. 은사의 정의와 목적

가. 은사의 정의

은사는 헬라어로 카리스마(Χάρισμα)인데, 이 단어는 '사랑'과 '선물'이라는 뜻을 가지고 있습니다. 은사는 하나님께서 우리에게 주신 사랑의 선물입니다. 은사를 통해 그리스도인은 자신의 사명을 감당하게 됩니다. 그러므로 기도나 전도를 많이 못 했더라도, 지식이 부족하더라도, 교회 다닌 지 오래되지 않았더라도 은사를 받을 수 있습니다. 은사는 자신의 능력이 아닌 하나님께서 주시는 선물이기 때문입니다.

> 온갖 좋은 은사와 온전한 선물이 다 위로부터 빛들의 아버지께로부터 내려오나니 그는 변함도 없으시고 회전하는 그림자도 없으시니라 야고보서 1:17

또한 재능(달란트)과 은사는 다릅니다. 재능이 선천적으로 타고난 능력이라면, 은사는 후천적으로 받은 능력입니다. 그러므로 우리는 은사를 받아 하나님의 뜻대로 사용하기 위해 기도해야 합니다.

나. 은사의 목적
1) 모두의 유익을 위해서
은사를 주신 이유는 개인이 아닌 모두의 유익을 위함입니다. 작게

는 교회 안에서, 크게는 세상 끝까지 하나님의 뜻을 전하기 위해 주어진 것입니다

> 각 사람에게 성령을 나타내심은 유익하게 하려 하심이라 고린도전서 12:7

이런 목적에 따라 각기 다른 은사는 조화를 이루어야 합니다. 그 은사들이 함께 모여야 힘을 발휘할 수 있고, 한 몸인 교회를 이룰 수 있습니다.

> 우리가 한 몸에 많은 지체를 가졌으나
> 모든 지체가 같은 기능을 가진 것이 아니니 이와 같이 우리 많은 사람이
> 그리스도 안에서 한 몸이 되어 서로 지체가 되었느니라 로마서 12:4-5

2) 봉사를 위해서

은사는 구체적으로 남을 섬기는 봉사를 위한 것입니다. 은사를 받은 사람은 은사를 통해 능력을 자랑할 것이 아니라 교회와 세상에서 온전히 '섬기는 자'로 나아가야 합니다.

> 그가 어떤 사람은 사도로, 어떤 사람은 선지자로,
> 어떤 사람은 복음 전하는 자로, 어떤 사람은 목사와 교사로 삼으셨 으니
> 이는 성도를 온전하게 하여 봉사의 일을 하게 하며
> 그리스도의 몸을 세우려 하심이라 에베소서 4:11-12

3) 증인 된 삶을 위해서

성령님께서 주시는 능력을 통해서 우리의 궁극적 사명인 '증인 된 삶'을 살아갈 수 있습니다. 이것은 직접적인 전도뿐만 아니라 삶으로 예수님을 증거 하는 것까지 포함합니다.

> 오직 성령이 너희에게 임하시면 너희가 권능을 받고
> 예루살렘과 온 유대와 사마리아와 땅끝까지 이르러
> 내 증인이 되리라 하시니라 사도행전 1:8

2. 은사의 유익

가. 영적 예배를 드리게 됨

은사를 올바르게 활용하는 것은 우리의 몸을 하나님이 기뻐하시는 거룩한 예배로 드리는 행위입니다. 우리가 은사를 통해 하나님을 증거 할 때 진정한 영적 예배가 이루어집니다.

> 그러므로 형제들아 내가 하나님의 모든 자비하심으로 너희를 권하노니
> 너희 몸을 하나님이 기뻐하시는 거룩한 산 제물로 드리라
> 이는 너희가 드릴 영적 예배니라 너희는 이 세대를 본받지 말고
> 오직 마음을 새롭게 함으로 변화를 받아 하나님의 선하시고 기뻐하시고
> 온전하신 뜻이 무엇인지 분별하도록 하라 로마서 12:1-2

나. 신앙생활의 변화

은사를 올바르게 활용하면 수직적으로는 하나님에 대한 사랑이 뜨거워집니다. 그리고 수평적으로는 사람에 대한 영적 관심이 새로워집니다. 교회만 출석하는 신앙생활이 교회를 위하여 봉사하는 신앙생활로 바뀌는 것입니다.

> 하나님을 따라 의와 진리의 거룩함으로
> 지으심을 받은 새 사람을 입으라 에베소서 4:24

다. 교회의 건강한 성장

은사는 교회의 양적 성장과 더불어 질적 성장을 돕습니다. 이것은 건강한 교회로 나아가게 하는 것입니다. 반면 은사가 나타나지 않는 교회는 자랄 수 없고, 자라지 않는 교회는 주님의 사명을 제대로 감당할 수 없습니다.

> 그에게서 온 몸이 각 마디를 통하여 도움을 받음으로
> 연결되고 결합되어 각 지체의 분량대로 역사하여
> 그 몸을 자라게 하며 사랑 안에서 스스로 세우느니라 에베소서 4:16

3. 은사의 종류

가. 은사의 다양성

고린도전서 12장은 '은사장'이라고 불립니다. 성령님께서 주시는 다양한 은사를 나열하고 있기 때문입니다. 여기에는 9가지 은사가 등장합니다.

> 어떤 사람에게는 성령으로 말미암아 지혜의 말씀을,
> 어떤 사람에게는 같은 성령을 따라 지식의 말씀을,
> 다른 사람에게는 같은 성령으로 믿음을,
> 어떤 사람에게는 한 성령으로 병 고치는 은사를,
> 어떤 사람에게는 능력 행함을, 어떤 사람에게는 예언함을,
> 어떤 사람에게는 영들 분별함을, 다른 사람에게는 각종 방언 말함을,
> 어떤 사람에게는 방언들 통역함을 주시나니 고린도전서 12:8-10

1) 지혜의 말씀

'지혜'는 우리 인생의 경험을 통해 쌓는 것이지만 '지혜의 말씀'은 성령님께서 주시는 은사입니다. 베드로와 요한은 학문을 배운 적이 없지만, 성령님께서 주시는 지혜의 말씀을 통해 변화되었습니다.

> 그들이 베드로와 요한이 담대하게 말함을 보고
> 그들을 본래 학문 없는 범인으로 알았다가 이상히 여기며
> 또 전에 예수와 함께 있던 줄도 알고 사도행전 4:13

2) 지식의 말씀

성령님께서 '지식의 말씀'을 주시면 이전에 알지 못하던 것도 알 수 있게 됩니다. 아나니아와 삽비라는 재산의 일부를 드리면서 그것이 전 재산이라고 속였지만, 베드로는 성령님께서 주신 지식의 말씀을 통해 그것이 거짓임을 알게 되었습니다. 사람과 달리 성령님께선 모든 것을 아시는 하나님이시기 때문에 무한한 지식을 알려 주시는 것입니다.

> 베드로가 이르되 아나니아야 어찌하여 사탄이 네 마음에 가득하여
> 네가 성령을 속이고 땅 값 얼마를 감추었느냐 사도행전 5:3

3) 믿음

믿음은 내 노력으로 되는 게 아니라 하나님께서 주시는 신앙의 확신입니다. 바울은 아무것도 알지 못했지만, 성령님만 믿고 의지하여 나아갔습니다.

> 보라 이제 나는 성령에 매여 예루살렘으로 가는데
> 거기서 무슨 일을 당할는지 알지 못하노라 사도행전 20:22

4) 치유(병 고침)

마가복음에 기록된 예수님의 사역 중 3분의 1은 병 고치는 사역입니다. 치유의 사역을 통해 하나님의 능력이 분명히 나타나기 때문에 현재의 아픔과 고통을 치유하는 것도 미래에 소망을 주는 것만큼 중요합니다. 그래서 제자들도 성령님의 능력을 통해 많은 신유를 행했

습니다.

> 베드로가 이르되 은과 금은 내게 없거니와
> 내게 있는 이것을 네게 주노니
> 나사렛 예수 그리스도의 이름으로 일어나 걸으라 하고 사도행전 3:6

5) 능력 행함

성령님께서 주시는 능력에는 한계가 없습니다. 그것은 상식, 자연 법칙, 과학을 초월하여 선을 행합니다. 그 모든 것을 지으신 분이 바로 하나님이시기 때문입니다.

> 하나님이 바울의 손으로 놀라운 능력을 행하게 하시니
> 심지어 사람들이 바울의 몸에서 손수건이나 앞치마를 가져다가
> 병든 사람에게 얹으면 그 병이 떠나고 악귀도 나가더라 사도행전 19:11-12

6) 예언

사람들은 미래의 일을 알기 원합니다. 하지만 성경에서 말하는 예언은 '나의 미래'를 말하는 게 아니라 '하나님의 말씀'을 듣는 것입니다. 예언의 은사를 받은 사람은 하나님의 말씀을 대언(代言)합니다. 그래서 사람의 욕심이 아닌 하나님의 사랑을 전합니다.

> 그러나 예언하는 자는 사람에게 말하여 덕을 세우며
> 권면하며 위로하는 것이요 고린도전서 14:3

7) 영 분별

모든 영적인 일이 성령님의 일은 아닙니다. 거짓 영들도 역사하고 있습니다. 따라서 성령님의 일과 거짓 영을 분별할 수 있어야 합니다.

> 바울이라고 하는 사울이 성령이 충만하여 그를 주목하고 이르되
> 모든 거짓과 악행이 가득한 자요 마귀의 자식이요 모든 의의 원수여
> 주의 바른 길을 굽게 하기를 그치지 아니하겠느냐 사도행전 13:9-10

8) 방언

방언기도는 우리의 영이 영적인 언어로 기도하는 것입니다. 우리의 의지와 상관없이 우러나오는 기도이므로 개인의 신앙생활에 유익합니다. 그래서 바울은 자신이 방언하는 것에 대해 자랑스럽게 여기며 감사했습니다.

> 내가 너희 모든 사람보다 방언을 더 말하므로
> 하나님께 감사하노라 고린도전서 14:18

9) 방언 통역

방언을 통역한 사례가 성경에는 나오지 않습니다. 그러나 바울은 자신의 유익뿐 아니라 교회에 덕을 끼치기 위해 방언 통역을 권장하고 있습니다.

> 그러므로 방언을 말하는 자는 통역하기를 기도할지니 고린도전서 14:13

나. 은사의 통일성

은사는 다양하지만 모두 성령님으로부터 나옵니다. 또한 더 좋고 더 쓸모 있는 은사란 없습니다. 모든 것이 하나님 나라를 위해 각기 다르게 사용될 것이기 때문입니다.

> 은사는 여러 가지나 성령은 같고 직분은 여러 가지나 주는 같으며
> 또 사역은 여러 가지나 모든 것을 모든 사람 가운데서 이루시는
> 하나님은 같으니 각 사람에게 성령을 나타내심은
> 유익하게 하려 하심이라 고린도전서 12:4-7

참고 은사의 종류

고린도전서 12장의 9가지 은사 외에도, 성경은 다양한 은사의 종류를 소개합니다. 이는 상황에 맞게 활용될 수 있는 은사의 다양성을 강조하기 위함입니다.

고린도전서 12:28-31 8가지 은사 (사도, 선지자, 교사, 능력 행함, 치유, 돕는 것, 다스림, 방언)
에베소서 4:11 5가지 은사 (사도, 선지자, 복음 전하는 자, 목사, 교사)
로마서 12:6-8 7가지 은사 (예언, 섬김, 가르침, 위로, 구제, 다스림, 긍휼)

더불어 나눔

1. 은사가 하나님의 영광을 드러내는 데 사용되었던 사례가 있다면 함께 나누어 봅시다.

___

___

___

2. 성령님께서 우리에게 다양한 은사를 주신 것은 서로 연합하여 자신의 사명을 감당하라는 의미입니다. 내게 주신 은사에 감사하며 그것을 통해 하나님의 일을 하고자 결단합시다.

___

___

___

마음 밭에 심기

주제 말씀 암송

은사는 여러 가지나 성령은 같고 직분은 여러 가지나 주는 같으며 또 사역은 여러 가지나 모든 것을 모든 사람 가운데서 이루시는 하나님은 같으니 각 사람에게 성령을 나타내심은 유익하게 하려 하심이라 고린도전서 12:4-7

마음에 새기기

우리는 은사에 담긴 의미를 알아야 합니다

1. 은사는 하나님께서 우리에게 주시는 선물입니다.
2. 은사는 우리가 봉사와 사명을 감당하는 증인 된 삶을 살도록 주어진 것입니다.
3. 타고난 재능과 달리, 은사는 하나님을 위해 사용하도록 후천적으로 주어진 능력입니다.

은사에는 다양한 유익이 있습니다

1. 영적 사명을 인식하게 됩니다.
2. 신앙생활에 변화가 일어납니다.
3. 교회가 성장하고 건강해집니다.

하나님께서 은사를 다양하게 주시는 이유가 있습니다

1. 은사는 다양하지만 모두 성령님께서 세상을 섬기기 위해 우리에게 주신 것입니다.
2. '은사장'으로도 불리는 고린도전서 12장은 다양한 은사(지혜, 지식, 믿음, 치유, 능력 행함, 예언, 영 분별, 방언, 방언 통역)를 소개합니다.
3. 모든 은사는 하나님 나라를 위해 각기 다르게 사용될 것입니다.

제6과
은사의 활용

오늘 우리는...
- 이 과를 통해, 어떤 자세로 은사를 사용하며 발전시켜야 하는지를 알 수 있습니다.
- 이 과를 통해, 은사 활용 시 주의해야 할 점과 은사가 소멸되지 않도록 지키는 방법에 대해서 알 수 있습니다.

마음 문 열기

　뉴욕 필 하모니의 지휘자인 레오나드 번스타인에게 "이 세상에서 가장 연주하기 어려운 악기가 무엇입니까?"라고 질문했을 때, 그는 주저하지 않고 '제2바이올린'이라고 대답했습니다.

　"제1바이올린 주자들은 얼마든지 구할 수가 있어요. 누구나 제1바이올린을 연주하려고 하고, 그 열정은 대단합니다. 그러나 같은 열정을 가지고 제2바이올린을 연주하는 연주자를 찾기는 매우 어렵습니다. 눈에 띄지 않는 제2바이올린의 연주를 꺼리기 때문입니다. 하지만 제1바이올린과 제2바이올린은 꼭 필요한 악기 구성이니 이것이 문제입니다. 아무도 제2악기를 연주하지 않는다면 오케스트라는 조화를 이룰 수가 없습니다."

많은 사람은 오로지 1등을 바라고 달려갑니다. 때로는 그 1등을 위해 다투기도 합니다. 아무도 제2바이올린이 되려고 하지 않습니다.

하지만 하나님은 우리 모두에게 각자 다른 은사를 주셨습니다. 누군가에게는 제1바이올린의 은사를, 또 다른 누군가에게는 제2바이올린의 은사를 주셨습니다. 그 은사를 찾고 자신의 은사에 맞는 소리를 낼 때, 세상은 더 아름다워지고 자신도 행복한 인생을 살게 될 것입니다.

여기서 잠깐

각기 다른 성령의 은사가 하나로
조화되어야 하는 이유는 무엇입니까?

_____

_____

배움과 익힘

1. 은사에 대한 자세

가. 열린 마음을 가지라

그리스도인이라면 누구든지 한 가지 이상의 은사를 받았습니다. 그 은사는 교회를 위해 부여 받은 하나님의 선물입니다. 그러므로 은사의 다양성을 인정하며 적극적으로 활용해야 합니다.

> 너희는 더욱 큰 은사를 사모하라
> 내가 또한 가장 좋은 길을 너희에게 보이리라 고린도전서 12:31

나. 사랑으로 행하라

은사를 바르게 사용하려면 사랑의 원리를 따라야 합니다. 사랑 없이 사용된 은사는 하나님께서 의도하신 목적을 이룰 수 없습니다. 사랑은 은사 활용의 원동력이고, 은사를 활용하는 길이며, 은사를 활용한 결과로 맺는 열매입니다.

> 내가 사람의 방언과 천사의 말을 할지라도 사랑이 없으면
> 소리 나는 구리와 울리는 꽹과리가 되고 내가 예언하는 능력이 있어
> 모든 비밀과 모든 지식을 알고 또 산을 옮길 만한
> 모든 믿음이 있을지라도 사랑이 없으면 내가 아무것도 아니요
> 내가 내게 있는 모든 것으로 구제하고
> 또 내 몸을 불사르게 내줄지라도 사랑이 없으면
> 내게 아무 유익이 없느니라 고린도전서 13:1-3

다. 교회를 유익하게 하라

은사는 그것을 주신 분의 뜻을 따라 활용되어야 합니다. 무슨 은사든 그 은사를 활용하는 목적은 교회와 지체의 유익을 위한 것입니다. 곧 영적 은사는 그리스도의 몸을 세우기 위해 허락된 것입니다. 따라서 은사 활용은 반드시 교회와 다른 지체를 위한 봉사와 섬김이 되어야 합니다.

> 각 사람에게 성령을 나타내심은
> 유익하게 하려 하심이라 고린도전서 12:7

라. 품위있고 질서 있게 하라

은사는 구별되는 것일 뿐 차별되는 것이 아닙니다. 모든 은사는 하나님의 영광을 위해 귀히 쓰이도록 주어진 것입니다. 따라서 자신이 받은 은사와 다른 성도가 받은 은사를 똑같이 귀히 여기고 서로 협력하면서 사역해야 합니다.

> 모든 것을 품위 있게 하고 질서 있게 하라 고린도전서 14:40

마. 성령님의 인도를 받으라

영적 은사를 바르게 사용하기 위해서는 계속적인 성령님의 인도하심을 받아야 합니다. 성령충만한 상태에서 영적 은사들을 활용할 때 선한 영향력을 끼칠 수 있습니다. 그러므로 계속해서 하나님의 말씀으로 양육 받고 영적 호흡인 기도 생활을 지속하는 것이 중요합니다.

> 이 모든 일은 같은 한 성령이 행하사
> 그의 뜻대로 각 사람에게 나누어주시는 것이니라 고린도전서 12:11

2. 은사의 활용

가. 은사 배치

교회에는 다양한 은사와 기호, 성격을 가진 사람들이 모여 있습니다. 이러한 상황 속에서 각각의 은사를 효과적으로 발휘하려면 우선 두 가지를 생각해 봐야 합니다. 첫째, '나의 영적인 은사, 스타일, 관심을 한 곳에 집중할 수 있는 사역은 무엇인가?' 하는 것입니다. 둘째, '나의 은사와 조화를 이룰만한 다른 은사는 어떤 것인가?' 하는 것입니다.

이 두 가지 요소를 바탕으로 성도 개개인의 은사를 확인하고, 그 은사에 따라 합당한 사역 장소를 마련해 주고 관리하는 일련의 과정을 은사 배치, 또는 은사 네트워크라고 합니다. 은사 배치는 개인의 역량을 한 목표로 집중하게 하는 장점이 있습니다. 적절한 은사배치를 통해 주님의 뜻을 좇아 집중적으로 사역할 때, 최상의 목표를 달성할 수 있습니다(8과에 첨부된 '은사 검색표'를 통해 자신의 은사를 확인할 수 있습니다).

> 우리의 아름다운 지체는 그럴 필요가 없느니라
> 오직 하나님이 몸을 고르게 하여 부족한 지체에게 귀중함을 더하사
> 몸 가운데서 분쟁이 없고 오직 여러 지체가
> 서로 같이 돌보게 하셨느니라 고린도전서 12:24-25

나. 은사의 발전

1) 작은 일에 충성할 때

성령님께서는 우리에게 한꺼번에 모든 은사를 주시지 않습니다. 각각의 은사를 주셔서 그것을 통해 하나님의 일을 충실히 감당할 때, 더욱 많은 은사를 주십니다. 그러므로 비록 작은 일이라도 우리가 맡은 일에 온 힘을 다할 때, 우리는 더 크게 쓰임 받을 수 있습니다.

> 지극히 작은 것에 충성된 자는 큰 것에도 충성되고
> 지극히 작은 것에 불의한 자는 큰 것에도 불의하니라
> 너희가 만일 불의한 재물에도 충성하지 아니하면
> 누가 참된 것으로 너희에게 맡기겠느냐 누가복음 16:10-11

2) 타인의 일에 최선을 다할 때

때로는 성령님께서 자기 은사와 관계없는 다른 사람의 일을 하게 하실 때가 있습니다. 성령님께서는 능력과 재능보다는 마음과 의지를 보시기 때문입니다. 모세가 장인의 양을 칠 때, 다윗이 아버지의 양을 돌볼 때에도 하나님께서는 그들의 열정을 보셨습니다.

> 너희가 만일 남의 것에 충성하지 아니하면
> 누가 너희의 것을 너희에게 주겠느냐 누가복음 16:12

3) 은사보다 은사를 주신 이에 집중할 때

우리가 은사를 사용하는 동기는 하나님과 사람에 대한 사랑이어야 합니다. 만약 은사의 놀라운 능력에만 집중하게 되면 자신도 모르게 교만해질 수 있습니다. 그러므로 우리는 은사보다 은사를 주신 이에게 집중하고, 은사를 주신 목적을 기억하며 사역을 감당해야 합니다.

> 말할 수 없는 그의 은사로 말미암아 하나님께 감사하노라 고린도후서 9:15

3. 은사에 대해 주의할 점

가. 은사 활용 시 주의할 점

1) 혼동을 일으키는 일

회심할 때 체험하는 육체적 경험을 성령의 능력이나 은사로 혼동해서는 안 됩니다. 특별히 은혜 받았다고 해서 목회자의 길을 결심하는 것 역시 혼동의 대표적인 사례입니다.

2) 합리화하는 일

자신이 받은 은사가 아니라며 다른 사역에 무관심한 것을 합리화해서는 안 됩니다. 은사는 하나님의 일을 하는 것이기 때문에 모든 일에 열심을 가져야 합니다.

3) 착각하는 일

실제로 갖고 있지 않은 은사를 갖고 있다고 생각하는 것을 말합니다.

4) 남용하는 일

눈에 띄는 은사를 더 좋은 것으로 여기며 높이는 일, 다른 은사와 비교하여 그 은사를 무시하고 자신의 은사만이 옳다고 여기며 획일화하는 일, 교회 공동체를 위해 사용하지 않고 자신을 위해 사용하며 개인화하는 일은 은사를 남용하는 것이니 주의해야 합니다.

은사는 나를 위한 나의 소유가 아닌 성령님께서 주신 교회와 세상을 위한 도구입니다. 이 사실을 기억하면서 은사를 사용해야 합니다.

나. 은사의 소멸

1) 거룩함을 잃을 때

하나님께서 원하시는 거룩한 삶을 떠나 세상의 방법대로 산다면, 성령님께서 우리 곁을 떠나시고 은사와 능력도 소멸되고 맙니다. 그 대표적인 성경의 인물이 삼손입니다. 나실인으로 구별된 삼손은 하나님께 큰 능력을 받아 블레셋으로부터 이스라엘 백성을 지켰습니다. 그러나 들릴라의 유혹에 넘어가 자신의 비밀을 말하고, 머리카락을 잘려서 하나님의 능력을 잃었습니다(사사기 16:20).

삼손은 단순히 머리카락이 잘렸기 때문에 능력을 잃은 것이 아니라 구별된 나실인의 삶을 포기하고 세상의 삶을 좇았기 때문에 하나님께서 그를 떠나신 것입니다. 결국 그의 능력도 자연히 소멸되었습니다.

> 육체의 소욕은 성령을 거스르고 성령은 육체를 거스르나니
> 이 둘이 서로 대적함으로 너희가 원하는 것을
> 하지 못하게 하려 함이니라 갈라디아서 5:17

2) 불순종할 때

하나님께서는 능력 있는 사람이 아닌 순종하는 사람을 찾으십니다. 순종하는 사람에게 능력을 주셔서 하나님의 일을 하도록 하십니

다. 이는 사람이 자랑하지 못하게 하기 위함입니다.

> 행위에서 난 것이 아니니
> 이는 누구든지 자랑하지 못하게 함이라 에베소서 2:9

또한 불순종하는 사람은 하나님의 뜻이 아닌 자기 마음대로 은사를 이용할 수 있기 때문에 위험합니다. 이스라엘의 첫 번째 왕인 사울은 처음에는 하나님의 말씀에 순종했지만, 시간이 지나자 자기 마음대로 행동합니다. 그래서 결국 하나님께서는 그를 떠나 다윗에게 기름 부으셨습니다.

> 사무엘이 이르되 여호와께서 번제와 다른 제사를
> 그의 목소리를 청종하는 것을 좋아하심 같이 좋아하시겠나이까
> 순종이 제사보다 낫고 듣는 것이 숫양의 기름보다 나으니
> 이는 거역하는 것은 점치는 죄와 같고 완고한 것은 사신 우상에게
> 절하는 죄와 같음이라 왕이 여호와의 말씀을 버렸으므로
> 여호와께서도 왕을 버려 왕이 되지 못하게 하셨나이다 하니 사무엘상 15:22-23

3) 교만할 때

교만은 가장 무서운 죄입니다. 내가 아무런 죄도 짓지 않았는데 성령님의 역사가 나타나지 않는다면 그것은 나 자신도 모르는 교만 때문입니다. 바리새인들은 경건하게 생활하며 말씀대로 살았습니다. 그러나 그들은 교만했기 때문에 예수님께서 질책하셨습니다.

> 화 있을진저 외식하는 서기관들과 바리새인들이여
> 잔과 대접의 겉은 깨끗이 하되
> 그 안에는 탐욕과 방탕으로 가득하게 하는도다 마태복음 23:25

우리의 마음은 항상 겸손해야 합니다. 나보다 연약한 사람 앞에서도 자신을 낮추어야 합니다. 성령님께서는 겸손한 심령을 크게 사용하십니다.

> 그러나 더욱 큰 은혜를 주시나니
> 그러므로 일렀으되 하나님이 교만한 자를 물리치시고
> 겸손한 자에게 은혜를 주신다 하였느니라 야고보서 4:6

4) 기도하지 않을 때

성령님의 은사를 받는 방법은 오직 기도를 통해서입니다. 예수님께서도 사역하는 중에 기도하셨습니다. 모든 능력의 근원은 기도입니다. 기도는 곧 성령님과의 대화이기 때문입니다. 그 만남을 통해서만 성령님의 능력을 받고 자신의 사명을 감당할 수 있습니다.

> 이르시되 기도 외에 다른 것으로는
> 이런 종류가 나갈 수 없느니라 하시니라 마가복음 9:29

성령님께서는 우리에게 은사를 주실 수 있는 것처럼 그 은사를 거두어 가실 수도 있습니다. 우리는 항상 성령님과 교제하며 은사를 바르게 활용해야 합니다.

더불어 나눔

1. 내가 받은 은사와 다른 성도가 받은 은사를 함께 활용하여 사역을 감당했던 경험을 나누어 봅시다.

2. 은사를 주신 분은 성령님이시고, 은사를 주신 데에는 분명한 목적이 있습니다. 성령님과 교제하고 순종하며 자신이 받은 은사를 바르게 사용하도록 결단합시다.

마음 밭에 심기

주제 말씀 암송

너희는 더욱 큰 은사를 사모하라 내가 또한 가장 좋은 길을 너희에게 보이리라 고린도전서 12:31

마음에 새기기

은사를 받아들이는 자세가 중요합니다

1. 은사는 하나님께서 주시는 것이기 때문에 다양성을 인정해야 합니다.
2. 은사는 사랑의 마음을 가지고 목적에 맞게 사용해야 합니다.
3. 서로 다른 은사들 간에 조화를 이루어 사용해야 합니다.
4. 성령님과의 만남을 유지하며 은사를 공급받아야 합니다.

은사를 사용하는 방법을 기억해야 합니다

1. 자신이 받은 은사를 분명히 알고, 다른 사람이 받은 은사와 조화를 이루어 사용해야 합니다.
2. 작은 일, 타인의 일에도 최선을 다해야 합니다.
3. 은사를 주신 성령님께 집중하며 은사를 발전시켜야 합니다.

은사를 사용할 때 주의할 점이 있습니다

1. 자신의 느낌이나 경험을 무조건 은사라고 혼동하면 안 됩니다.
2. 자신이 받은 은사가 아니라며 다른 일들을 외면해서는 안 됩니다.
3. 은사에 욕심을 내어 그것을 가진 것처럼 착각해서는 안 됩니다.
4. 은사는 목적을 위한 도구이기에 너무 강조하거나 획일화, 개인화해서는 안 됩니다.
5. 은사는 소멸할 수 있으니 성령님과의 교제를 통해 유지해야 합니다.

제 6 과 은사의 활용

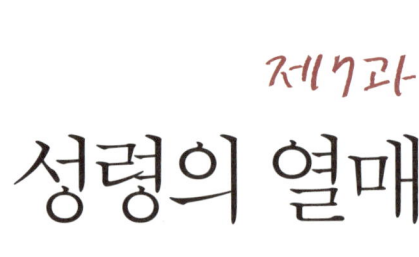

제7과
성령의 열매

오늘 우리는...
- 이 과를 통해, 성령의 열매에 어떤 것들이 있는지와 각각의 속성이 무엇인지에 대해 알게 됩니다.
- 이 과를 통해, 성령의 열매를 맺는 방법에 대해 알게 됩니다.

마음 문 열기

『유토피아』를 쓴 '토마스 모어'라는 유명한 법학자가 있었습니다. 토마스 모어는 굉장히 올바르고 곧은 사람이어서 불의와 타협하지 않았습니다. 그는 헨리 8세의 특별한 인정과 사랑을 받아 대법관 자리에 올라갔습니다. 당시 헨리 8세는 방탕하게 살았고 심지어 왕비를 버리고 궁녀와 결혼하였습니다. 그러자 토마스 모어는 그 결혼을 반대하며 결혼식에도 참여하지 않았습니다. 왕은 그를 반역죄로 몰아서 감옥에 수감시켰고 이후 대법관 동료들에게 사형 언도를 내리게 했습니다. 결국 토마스 모어는 동료들에게 사형 언도를 받고 사형을 당하게 되었습니다. 사형을 당할 때, 토마스 모어는 스데반 집사의 얘기를 들려주었습니다. "스데반을 돌로 치려 하던 사람들이 사울이라고 하는 청년 앞에 옷을 벗어놓고 증인이 되게 했습니다. 그런데 그 후에 이 사울이라는 청년이 예수를 믿고 위대한 사도 바울이 되어서 스데반 집사와 함께 천국에서 거하게 되었습니다. 이제 저는 마지막으로 여러분을 위해서 기도합니다. 지금 여러분은 나를 사형시키기 위해서 여기 모였습니다. 그러나 나는 여러분들을 용서합니다. 이 후에 나와 여러분 모두가 예수 그리스도 안에서 한 형제가 되어서 저 천국에서 만나게 되기를 바랍니다." 그는 사형 당하는 그 순간에도 성령의 열매를 맺었습니다. 자신의 억울한 죽음을 묵묵히 받아들임으로 화평의 열매를 맺었습니다. 또한 마지막 죽는 순간까지 왕과 동료들을 용서함으로써 사랑의 열매를 맺었습니다. 그 성령의 열매는 죽음의 자리를 사랑과 용서로 하나 되게 하는 자리로 바꾸었습니다.

여기서 잠깐

성령의 열매가 이 시대와 이 사회에
얼마나 강력한 힘을 발휘할 것이라고 생각합니까?

―――――――――――――――――――――――

―――――――――――――――――――――――

배움과 익힘

1. 성령의 열매에 담긴 의미와 중요성

가. 성령의 열매의 정의

성령의 열매는 모든 그리스도인이 총체적으로 맺어야 할 삶의 모습입니다. 성령의 열매는 하나님의 성품이며, 예수님의 인격이 우리 삶을 통해서 나타나는 것입니다.

성령님께서는 우리의 인격 속에 예수님의 모습인 성령의 열매를 맺게 해주십니다. 갈라디아서 5장은 성령의 열매에 대해 자세히 말하고 있습니다.

> 오직 성령의 열매는 사랑과 희락과 화평과 오래 참음과
> 자비와 양선과 충성과 온유와 절제니
> 이같은 것을 금지할 법이 없느니라 갈라디아서 5:22-23

나. 성령의 열매를 맺어야 하는 이유

예수님께서는 요한복음 15장에서 하나님과 예수님과 우리의 관계를 농부와 포도나무와 가지에 비유하셨습니다. 성도는 포도나무인 예수님께 붙어있는 가지입니다. 예수님께 접붙임 받은 성도는 열매를 맺어야 합니다.

그리고 예수님은 '열매 없는 자'에 대해 경고하셨습니다. 포도나무 가지가 열매 맺지 못한 것은 자신의 역할을 충실히 감당하지 못했기 때문입니다. 열매 맺지 못하는 그리스도인 역시 사명을 제대로 감당하고 있지 않다는 증거입니다.

> 나는 참포도나무요 내 아버지는 농부라 무릇 내게 붙어 있어 열매를 맺지 아니하는 가지는 아버지께서 그것을 제거해 버리시고 무릇 열매를 맺는 가지는 더 열매를 맺게 하려 하여 그것을 깨끗하게 하시느니라 요한복음 15:1-2

2. 성령의 9가지 열매가 갖는 각 속성

성령의 9가지 열매는 하나님과의 관계, 다른 사람과의 관계, 나 자신과의 관계에 대한 열매로 구분할 수 있습니다.

가. 하나님과의 관계에서

1) 사랑

하나님의 사랑은 '아가페'(ἀγαπη)입니다. 아가페는 인간의 조건적 사랑이 아닌 값없이 베풀어 주시는 사랑을 말합니다. 우리는 성령님을 통해 하나님께로부터 아가페 사랑을 받게 되고, 그 사랑을 원동력으로 삼아 다른 사람들에게 조건 없는 사랑을 베풀 수 있습니다.

> 사랑하는 자들아 우리가 서로 사랑하자 사랑은 하나님께 속한 것이니
> 사랑하는 자마다 하나님으로부터 나서 하나님을 알고
> 사랑하지 아니하는 자는 하나님을 알지 못하나니
> 이는 하나님은 사랑이심이라 요한1서 4:7-8

2) 희락

성경이 말하는 희락(기쁨)은 환경에 좌우되는 감각적인 것이 아닙니다. 이 기쁨은 위로부터 내려옵니다. 우리가 하나님을 사랑할 때, 그 사랑을 통해서 우리에게 기쁨을 부어 주십니다.

> 주 안에서 항상 기뻐하라
> 내가 다시 말하노니 기뻐하라 빌립보서 4:4

3) 화평

성령님은 우리에게 세상이 알 수 없는 평안을 주십니다. 평안이 겉으로 표현되는 것이 곧 기쁨입니다. 그러므로 평안과 기쁨은 동전의 양면과도 같습니다. 기뻐하면 평안이 생기고, 평안하면 기쁨이 넘칩니다.

> 평안을 너희에게 끼치노니 곧 나의 평안을 너희에게 주노라
> 내가 너희에게 주는 것은 세상이 주는 것과 같지 아니하니라
> 너희는 마음에 근심하지도 말고 두려워하지도 말라 요한복음 14:27

나. 사람과의 관계에서

1) 오래 참음

하나님과의 관계에서 맺힌 열매는 이웃에게 전달되어야 합니다. 그중 가장 먼저 맺어야 하는 것이 오래 참음의 열매입니다. 우리는 나 중심으로 생각하기 때문에 모든 것을 판단하고 참지 못합니다. 그러나 성령을 통해 변화되면 이웃을 배려하게 되고 어떤 상황에서든 인내할 힘이 생깁니다.

> 또 형제들아 너희를 권면하노니 게으른 자들을 권계하며
> 마음이 약한 자들을 격려하고 힘이 없는 자들을 붙들어 주며
> 모든 사람에게 오래 참으라 데살로니가전서 5:14

2) 자비

자비는 친절을 뜻합니다. 그리스도인은 말과 행동에 있어서 친절해야 합니다. 이는 인격과 연관되어 있는데, 성령 안에서 성화되어 인격이 다듬어지면, 모든 사람에게 예의 바르고 친절합니다.

> 이는 그리스도 예수 안에서 우리에게 자비하심으로써
> 그 은혜의 지극히 풍성함을 오는 여러 세대에 나타내려 하심이라 에베소서 2:7

3) 양선

하나님은 선하신 분입니다. 우리 역시 그분을 따라 선한 삶을 살아야 합니다. 성령님은 우리를 선한 사람으로 바꾸시고 그 가운데서 놀라운 영향력을 끼치게 하십니다.

> 그러므로 우리는 기회 있는 대로 모든 이에게 착한 일을 하되 더욱 믿음의 가정들에게 할지니라 갈라디아서 6:10

다. 자신과의 관계에서

1) 충성

충성은 자신의 임무를 완수함에 있어서 일관성 있는 성실하고 진실된 태도를 말합니다. 하나님은 자기의 이익에 따라 마음이 바뀌는 사람들을 사용하는 것이 아니라 어떤 상황에서든 변치 않고 주님의 일을 하는 사람을 사용하시며 복을 주십니다.

> 그리고 맡은 자들에게 구할 것은 충성이니라 고린도전서 4:2

2) 온유

온유는 성령님의 따뜻하고 부드러운 마음입니다. 이는 바다와 같이 모든 것을 소화할 수 있는 넓고 큰 마음입니다. 성령님은 원수까지도 사랑하셨던 예수님의 마음을 닮게 합니다.

> 나는 마음이 온유하고 겸손하니 나의 멍에를 메고 내게 배우라 그리하면 너희 마음이 쉼을 얻으리니 마태복음 11:29

3) 절제

절제는 자기 자신을 다스리는 자제력을 말합니다. 무엇이든 지나친 것이 문제입니다. 그러므로 은혜 받은 사람은 절제할 줄 알아야 합니다. 절제가 열매의 마지막에 있는 것은 매우 중요한 사실입니다.

> 이기기를 다투는 자마다 모든 일에 절제하나니
> 그들은 썩을 승리자의 관을 얻고자 하되
> 우리는 썩지 아니할 것을 얻고자 하노라 고린도전서 9:25

라. 하나의 열매

우리는 성령의 '9가지 열매들'이 아닌 '9가지 열매'라는 표현에 주목해야 합니다. 원어 성경에서 열매는 헬라어 카르포스(καρπός)인데, 복수가 아닌 단수로 나와 있습니다. 곧 '성령의 열매'란 9개의 열매가 아닌 9가지 맛을 내는 하나의 열매라고 해석할 수 있는 것입니다. 이것은 마치 무지개가 여러 색으로 나뉘지만, 결국 무지개는 하나인 것과 같습니다. 우리는 마음에 들거나 자신의 성향에 맞는 한두 가지 열매만을 추구하는 것이 아니라 이 모든 열매를 맺는 그리스도인이 되어야 합니다.

3. 성령의 열매를 맺는 방법

가. 예수님 안에 거하는 삶

성령의 열매를 맺기 위해서는 우선 예수님 안에 거해야 합니다. 그것은 우리가 예수님과 가깝고 친밀한 사이가 되어야 함을 뜻합니다. 포도나무에서 떨어진 가지와 같이 예수님과 떨어져 있는 우리는 어떠한 열매도 맺을 수 없습니다.

> 내 안에 거하라 나도 너희 안에 거하리라
> 가지가 포도나무에 붙어 있지 아니하면 스스로 열매를 맺을 수 없음 같이 너희도 내 안에 있지 아니하면 그러하리라 나는 포도나무요 너희는 가지라 그가 내 안에, 내가 그 안에 거하면 사람이 열매를 많이 맺나니 나를 떠나서는 너희가 아무것도 할 수 없음이라 요한복음 15:4-5

나. 말씀 안에 거하며 말씀의 인도함을 받는 일

성령의 열매를 맺으려면 성령의 감동으로 쓰여진 말씀으로 충만해야 합니다. 말씀 안에 거할 때, 주 안에서 거룩한 소원을 이루며 많은 열매를 맺을 수 있습니다(요한복음 15:7-8; 디모데후서 6:14-17).

다. 정결한 삶

성령의 열매를 맺기 위해서 우리는 자신을 깨끗이 하는 가지치기를 해야 합니다. 열매를 맺는 가지는 더 많은 열매를 맺도록 가지치기를 해야 합니다. 가지를 잘라내는 과정이 아프지만, 결국 더 알차고 아름다운 열매를 맺게 될 것입니다.

> 무릇 징계가 당시에는 즐거워 보이지 않고 슬퍼 보이나
> 후에 그로 말미암아 연단 받은 자들은
> 의와 평강의 열매를 맺느니라 히브리서 12:11

4. 성령의 은사와 열매

가. 성령의 은사와 열매의 공통점

1) 한 근원에서 나옴

성령의 은사와 열매는 둘 다 그 근원을 성령님께 두고 있습니다. 은사도 성령님께서 주시는 것이고, 열매도 궁극적으로는 성령님께서 맺게 하시는 것입니다.

2) 같은 목적을 위해 사용됨

성령의 은사와 열매는 둘 다 그 궁극적인 목적이 덕을 세움에 있습니다. 개인의 덕을 세울 뿐만 아니라 교회의 덕을 세웁니다. 곧 성령의 은사와 열매는 하나님께 영광을 돌리는 최선의 도구입니다.

3) 활용을 위한 훈련이 요구됨

성령의 은사와 열매는 둘 다 은혜로 주어지는 것이지만, 인간의 의지적인 결단과 순종이 필요합니다. 처음에는 어린아이와 같을지라도 갈수록 성장하고 발전하는 것이 성령 사역의 특징입니다. 성령님께서는 우리의 성숙도에 따라 다르게 역사하십니다.

나. 은사와 열매의 차이점

1) 속성의 차이
성령의 은사는 그리스도의 몸 된 교회를 세우기 위하여 주어지는 하나님의 선물이며, 외적으로 드러납니다. 그러나 성령의 열매는 성화와 관련이 있습니다. 성령의 열매는 말씀과 기도, 그리고 헌신의 삶을 통해 우리의 인격 속에 맺어지는 열매입니다.

2) 강조점의 차이
성령의 열매는 인격과 성품을 강조하지만, 은사는 유능함과 효율성을 강조합니다. 성령의 열매는 사람 중심이기 때문에 관계를 중요시하지만, 은사는 사역 중심이기 때문에 능력과 효과를 더 중요시합니다.

3) 소유의 차이
그리스도인이라면 성령의 9가지 열매를 모두 맺어야 합니다. 그러나 성령의 은사는 하나님께서 필요에 따라 주시는 은사이므로 주어진 은사만을 통해서도 하나님께 영광을 돌리는 삶을 살아갈 수 있습니다.

4) 지속 여부의 차이

성령의 은사는 일시적이지만 열매는 영원합니다. 성령의 은사와 달리 열매는 이 세상뿐만 아니라 천국에 가서도 영원히 존재하는 신적인 성품입니다. 그러므로 성령의 은사를 잘 활용하는 것도 중요하지만, 더 중요한 것은 성령의 열매가 풍성히 맺히도록 끊임없이 영적으로 성장하는 것입니다.

더불어 나눔

1. 성령의 9가지 열매 중 가장 잘 맺고 있는 열매와 그렇지 못한 열매에 대해 이야기해 봅시다.

   _____
   _____
   _____

2. 그리스도인의 모습은 예수님을 닮는 삶에서 나타납니다. 우리 스스로는 불가능한 일이지만 성령님께서 우리를 도와 열매 맺는 삶을 살도록 도와주실 것입니다. 이제 더 많은 열매를 맺기를 결단합시다.

   _____
   _____
   _____

마음 밭에 심기

주제 말씀 암송

오직 성령의 열매는 사랑과 희락과 화평과 오래 참음과 자비와 양선과 충성과 온유와 절제니 이같은 것을 금지할 법이 없느니라 갈라디아서 5:22-23

마음에 새기기

성령의 9가지 열매를 추구해야 합니다

1. 성령의 열매는 하나님의 성품이며, 예수님의 인격입니다.
2. 성령님께서는 우리의 인격 속에 예수님의 모습인 성령의 열매를 맺게 해 주십니다.
3. 우리는 예수님께 접붙임 받은 존재이기 때문에 성령의 열매를 맺어야 합니다.

성령의 9가지 열매는 함께 나타나야 합니다

1. 하나님을 향한 열매는 사랑, 희락, 화평이 있습니다.
2. 다른 사람을 향한 열매는 오래 참음, 자비, 양선이 있습니다.
3. 자신을 향한 열매는 충성, 온유, 절제가 있습니다.

우리는 성령의 열매를 맺을 수 있는 방법을 배워야 합니다

1. 예수님 안에 거할 때 맺을 수 있습니다.
2. 말씀 안에 거하며 말씀의 인도함을 따라 살 때 맺을 수 있습니다.
3. 정결한 삶을 살 때 맺을 수 있습니다.

성령의 열매와 은사의 공통점과 차이점은 무엇입니까?

1. 한 성령에서 나왔기 때문에 근원과 목적이 같으나 은사는 하나님께서 선물로 주시고, 열매는 말씀과 기도의 훈련을 통해 계발되어야 한다는 점에서 차이가 있습니다.
2. 성령의 은사는 사명을 위한 외적 모습으로 드러나고 능력을 강조하며 이 땅에서만 필요합니다.
3. 성령의 열매는 성화를 위한 내적 모습이고 인격과 성품을 강조하며 천국에서도 존재합니다.

제8과
성령 학교 워크북

오늘 우리는...
- 이 과를 통해, 성령의 은사를 확인하고 활용할 수 있게 됩니다.
- 이 과를 통해, 성령의 열매가 삶에 나타나고 있는지를 점검할 수 있고 더 풍성한 열매를 맺는 삶으로 나아가게 됩니다.

마음 문 열기

『한국 교회사의 감동적인 이야기』라는 책을 보면, 연동교회 최초의 장로였던 고찬익 장로의 일화가 나옵니다. 원래 고찬익 장로는 천민이어서 이름조차 없었습니다. 그냥 '고씨'라고 불릴 뿐이었습니다. 그는 늘 자신의 신세를 비관하면서 술과 노름으로 세월을 보냈고, 사람들에게 피해를 입혀서 관가에 끌려가 매를 맞은 적도 많습니다. 그러던 어느 날 연동교회의 초대 담임목회자였던 게일 선교사을 만나게 되었습니다. 게일 선교사는 야곱의 이야기가 담겨 있는 전도지를 주었는데, 그 전도지에는 '네 이름은 무엇이냐?'라는 글귀가 있었습니다. 그날 밤 꿈을 꾸면서 그는 성령을 체험하게 되었습니다. 성령님이 "네 이름이 무엇이냐?"라고 물으시며 그를 찾아오신 것입니다. 그는 "내 이름은 고가요, 싸움꾼, 술

꿈에, 망나니올시다. 뉘신지 모르지만 저를 용서해 주옵소서."라고 울며 대답했습니다. 그때 흰 옷 입은 사람이 나타나 저의 몸을 치면서 "이제부터 너는 내 아들이다."라고 말하고 사라졌습니다. 그는 꿈에서 깨어나 전도지를 읽고 또 읽으며 눈물로 회개했습니다. 그리고 게일 선교사를 찾아가 이 이야기를 했더니 선교사는 "이제부터 당신의 이름을 남에게 좋은 일을 하는 사람이 된다는 뜻을 가진 '찬익'이 되십시오."라고 말했습니다. 그렇게 그는 '고찬익'이란 이름을 갖게 되었고, 과거에 자신이 괴롭혔던 사람을 찾아가 용서를 빌고 복음을 전했습니다. 뿐만 아니라 빈부귀천을 따지지 않고 복음을 전했고, 불구인 사람들을 업은 채 예배당까지 데려오기도 했습니다. 결국 고찬익 장로는 한국초대교회 당시 가장 위대한 전도자가 되었습니다. 성령님의 역사로 한 사람의 인생이 완전히 변한 것입니다.

여기서 잠깐

성령님이 함께 하시기 때문에 이미 우리에게 주어져 있는 삶의 유익에는 무엇이 있을까요?

_____

_____

배움과 익힘

1. 성령의 은사

가. 은사의 발견

1) 1단계 : 가능성을 탐색하는 단계

자신에게 어떤 은사가 있는지 그 가능성을 찾아보는 단계입니다. 또한 은사에 대해 공부하는 단계이기도 합니다. 성령님께서는 대체로 그 사람의 성격을 따라, 아니면 소원을 좇아 은사를 주십니다.

2) 2단계 : 봉사를 통해 실험하는 단계

자신에게 어떤 은사가 있는지 탐색한 후 추측되는 은사, 혹은 받기 원하는 은사가 있다면 그것을 이미 받았다고 가정하고 실험해 보는 단계입니다. 예를 들어 자신에게 가르치는 은사가 있다고 가정한다면 소그룹에서 가르치는 일을 해보는 것입니다.

3) 3단계 : 영적으로 느낀 바를 분석하는 단계

은사를 활용하는 것이 큰 영적 즐거움을 주는지 아닌지를 분석하는 단계입니다. 은사를 실험했을 때 기쁨과 즐거운 감정이 일어나면 그 은사를 받았을 확률이 높습니다. 은사로 일할 때, 힘은 들어도 즐거움이 있습니다.

4) 4단계 : 효과와 영향력을 평가하는 단계

은사 발휘는 반드시 긍정적인 결과로 나타납니다. 하나님께서는 우리가 그분의 일에 성공하기를 원하십니다. 자신에게 해당되는 은사대로 섬길 때 선한 영향력이 소그룹과 교회 전체에 흘러가고 있는지를 점검해야 합니다.

5) 5단계 : 예수님의 몸 된 교회의 인정을 기대하는 단계

개인은 항상 교회 전체와 연관되어 있습니다. 따라서 개인의 은사는 반드시 교회의 확증을 받아야 합니다. 예수님의 몸 된 교회의 다른 지체들이 은사를 확증하는 최종적인 단계를 거쳐야 개인에게 확실히 은사가 주어졌다고 볼 수 있습니다. 은사는 개인의 덕뿐만 아니라 교회의 덕을 세웁니다.

나. 은사 검색표

특별히 자신에게 어떤 은사가 있는지를 알아보기 위해서 은사 검색표를 활용하는 것이 좋습니다. 간단한 체크를 통해서 자신의 은사를 검색해 보십시오. 각 문항을 읽으면서 해당되는 점수를 아래의 표에 기록하면 됩니다. [매우: 3점, 대체로: 2점, 조금: 1점, 전혀: 0점]

1. 죄를 깨닫게 하거나 삶의 변화를 유도하는 이야기를 다른 이들에게 조리 있게 전한다.
2. 종종 다른 사람이 방언하는 것을 들으면, 그 말이 무슨 뜻인지 깨닫곤 한다.
3. 성경 지식을 상대방이 이해하기 쉽게 가르칠 수 있다.
4. 평소 성경을 읽고 공부하는 일에 많은 시간을 할애한다.

5. 개인적인 문제 또는 영적인 문제에 관해 종종 상담 요청을 받고 있다.
6. 남의 고통이 나의 고통처럼 느껴지고, 그들과 함께 하는 것을 즐거워한다.
7. 다른 사람의 문제 해결에 있어서 나의 권면이 도움되었다는 소리를 자주 듣는다.
8. 성도들을 인도하고 영적으로 지도해 주는 일에 두려움을 느끼지 않는다.
9. 주위 사람들에게 복음을 소개하면, 잘 받아들이는 편이다.
10. 하나님과 교회를 위해 물질을 사용하는 것에 있어 평소 거리낌을 갖지 않는다.
11. 사소한 일이라도 교회를 위해서 일할 수 있다는 것 자체에 감사한 마음이 든다.
12. 교회를 위해서 일할 때마다 영적인 보람과 성장을 경험한다.
13. 어떤 일을 맡아 추진해 나갈 때 진행이 잘 이루어진다는 평가를 받는다.
14. 사람, 물질, 아이디어 등의 자원을 찾아내 편성하고 계획하는 일에 능숙하다.
15. 아픈 사람을 위해 기도하는 것이 즐겁고 종종 치료가 일어난다.
16. 어떤 사람의 가르침이 진리로부터 온 것인지 아닌지를 민감하게 깨닫는 편이다.
17. 환난 중에 있더라도 하나님의 도우심을 의심해 본 적이 거의 없다.
18. 남을 위해 기도한 후에 구체적인 결과가 나타나는 것을 자주 경험한다.
19. 다른 나라 사람들과 접촉하고 어울리는 것에 큰 어려움이 없다.
20. 특별한 시간과 상황에서 하나님의 뜻을 강력하게 느낄 때가 있다.
21. (방언 통역을 한다면) 나의 통역으로 인해 성도들이 위로와 유익을 얻곤 한다.
22. 사람들에게 성경을 가르친 후에, 그들의 가치관과 행동이 변화되는 것을

본다.
23. 말씀을 읽거나 공부할 때, 생활에 적용될 수 있는 진리들을 쉽게 발견한다.
24. 문제의 해결책을 제시하여 다른 이들의 필요를 채워 준다는 소리를 종종 듣는다.
25. 다른 사람들에게 무엇이 필요할 때, 그것을 실제로 채워 주는 것을 좋아한다.
26. 어려움에 처한 사람들에게 소망의 말씀을 전해 주면, 그들이 힘을 얻곤 한다.
27. 소그룹 모임을 인도할 때마다 그 모임이 양적으로, 질적으로 부흥한다.
28. 전도 훈련 프로그램이 있으면 빠짐없이 참석하는 편이다.
29. 구제와 지역봉사를 위해 헌금을 작정할 때, 기쁘게 동참한다.
30. 나는 생각하는 스타일이라기보다는 행동하는 스타일에 속한다.
31. 다른 사람들이 더 일을 잘할 수 있도록 보조하는 역할이 기쁘다.
32. 나는 모두가 공감하는 목표나 방법을 제시하므로 의견이 자주 채택된다.
33. 어떤 일을 할 때, 세밀한 부분까지도 철저히, 신중하게 다루는 편이다.
34. 과거 치유 경험이 다른 병자들을 돕는 데 유익을 주고 있다.
35. 평소 나의 통찰력이나 관찰력이 정확하다는 것을 인정받고 있다.
36. 남들이 생각하지 못하는 거대한 비전을 그려볼 때가 많다.
37. 기도 부탁을 받으면 최소한 일주일 이상 그 제목을 놓고 기도한다.
38. 복음을 전하기 위해 다른 나라의 문화나 언어를 배우는 것이 즐겁다.
39. 하나님으로부터 오는 직·간접적인 메시지를 적시에 전달한다는 평을 듣는다.
40. 평소 방언으로 오랫동안 기도하는 시간을 가진다.
41. 평소 성경 구절을 암송하고 있으며, 암송한 구절을 자주 활용한다.

42. 성경 구절이나 성경 진리에 관해 종종 나에게 물어오는 사람들이 있다.

43. 어떤 사건에 대한 결과를 정확하게 예측하곤 한다.

44. 사람들은 어려운 사람을 돕는 일이 생길 때마다 나를 찾는다.

45. 사람들의 잠재력을 제대로 파악하며 필요한 사역에 참여하도록 잘 이끈다.

46. 사람을 양육하기 위해서 오랜 기간 인내를 가지고 지켜보며 돌보는 편이다.

47. 다른 어떤 때보다 비신자가 예수님을 영접했을 때, 가장 기쁘다.

48. 하나님의 일을 하다 보면, 필요한 재정을 때맞춰 공급받곤 한다.

49. 드러나지 않는 일, 평범한 일에도 싫증을 내거나 불평하지 않는 편이다.

50. 남모르게 다른 사람들을 돕는 것이 마냥 기쁘고 보람있다.

51. 내가 어떤 일을 추진하고자 할 때, 사람들은 신뢰를 보이며 따라준다.

52. 결속력이 약한 모임이나 기관을 보다 강하게 묶어 주는 일을 하고 싶다.

53. 성경말씀을 읽다가 병 고침을 받는 부분이 나오면, 마음이 뜨거워짐을 느낀다.

54. 누가 예언이나 통역을 할 때, 그것이 참인지 아닌지 구별할 수 있다.

55. 하나님께서 원하신다는 생각이 들면, 어떤 반대를 무릅쓰고서라도 추진할 수 있다.

56. 기도하는 것이 즐거우며, 하나님이 나의 기도를 인도하신다는 것을 경험한다.

57. 의식주 생활에 대한 관심이 적으며, 환경에 대한 적응력이 뛰어난 편이다.

	측정값			합계	목록	은사 목록
1		20	39		A	예언(prophecy)
2		21	40		B	방언 통역(interpretation)
3		22	41		C	가르침(teaching)
4		23	42		D	지식(knowledge)
5		24	43		E	지혜(wisdom)
6		25	44		F	긍휼(mercy)
7		26	45		G	권면(exhortation)
8		27	46		H	목사(pastor)
9		28	47		I	복음 전도(evangelism)
10		29	48		J	구제(giving)
11		30	49		K	섬김(service)
12		31	50		L	도움(help)
13		32	51		M	다스림(leadership)
14		33	52		N	행정(administration)
15		34	53		O	병 고침(healing)
16		35	54		P	영 분별(discerning spirits)
17		36	55		Q	믿음(faith)
18		37	56		R	중보(intercession)
19		38	57		S	선교사(missionary)

가로로 같은 줄끼리 더해서 합계란에 기록하십시오. 일반적으로 가장 높은 숫자의 항목이 자신의 은사라고 볼 수 있습니다. 가장 높은 숫자를 중심으로 높은 점수를 보이는 항목들은 보조 은사 집합입니다.

다. 은사의 목록

은사 검색표는 자신의 은사를 확인하기 위한 참고 도구이지 절대적으로 은사를 확인시켜 주는 것은 아닙니다. 은사의 종류는 다양하여 학자들에 따라 더 많은 목록이 있기도 하며, 다양한 상황 속에서 다양한 모습으로 나타나고 활용되기 때문입니다.

다음은 피터 와그너 박사의 27가지 은사 목록입니다.

번호	은사의 종류	번호	은사의 종류
1	예언 Prophecy	15	통역 Interpretation
2	섬김 Service	16	사도 Apostle
3	가르침 Teaching	17	도움 Help
4	권면 Exhortation	18	행정 Administration
5	구제 Giving	19	전도 Evangelist
6	지도력 Leadership	20	목사 Pastor
7	긍휼 Mercy	21	독신 Celibacy
8	지혜 Wisdom	22	청빈 Voluntary Poverty
9	지식 Knowledge	23	순교 Martyrdom
10	믿음 Faith	24	대접 Hospitality
11	병 고침 Healing	25	선교사 Missionary
12	기적 Miracles	26	중보 Intercession
13	영 분별 Discerning	27	축사 Exorcism
14	방언 Tongues	롬 12:6-8; 고전 12:8-11, 28; 엡 4:11-12; 고전 7, 13, 14; 벧전 4; 엡 3	

2. 성령의 열매

가. 성령의 열매에 관한 하나님의 성품과 명령

성령의 열매	하나님의 성품	하나님의 명령
사 랑	"하나님은 사랑이시라" (요한일서 4:16)	"사랑하라" (마태복음 22:37, 39)
희 락	"그가 너로 말미암아 기쁨을 이기지 못하시며" (스바냐 3:17)	"기뻐하라" (빌립보서 4:4)
화 평	"화평의 하나님" (고린도전서 14:33)	"화평을 구하며 그것을 따르라" (베드로전서 3:11)
오래 참음	"오직 주께서는 너희를 대하여 오래 참으사" (베드로후서 3:9)	"모든 사람에게 오래 참으라" (데살로니가전서 5:14)
자 비	"주는 가장 자비하시고" (야고보서 5:11)	"자비와 겸손과 온유와 오래 참음을 옷 입고" (골로새서 3:12)
양 선	"여호와는 선하시니" (시편 100:5)	"모든 이에게 착한 일을 하되" (갈라디아서 6:10)
충 성	"주의 성실하심이 크시도소이다" (예레미야애가 3:23)	"네가 죽도록 충성하라" (요한계시록 2:10)
온 유	"나는 마음이 온유하고" (마태복음 11:29)	"온유함을 모든 사람에게 나타낼 것을 기억하게 하라" (디도서 3:2)
절 제	"나의 원대로 마옵시고 아버지의 원대로 하옵소서" (마가복음 14:36)	"지식에 절제를…… 더하라" (베드로후서 1:6-7)

나. 스스로 진단하는 성령의 열매 점검표

성령의 9가지 열매	점검 사항	잘 모르겠다	전과 다르지 않다	그저 그렇다	회개한다	성장했다
		1점	2점	3점	4점	5점
사랑	· 겸손하고 섬기는 마음 · 자기 유익을 구하지 않는 마음 · 잘못을 덮어 주며 감싸는 마음 · 시기나 질투하지 아니하고 진리를 기뻐하는 마음					
희락	· 항상 기뻐하는 마음 · 범사에 감사하고 만족감을 느끼는 마음 · 매사에 긍정하는 마음 · 좋은 것과 아름다움을 추구하고 창조하는 마음					
화평	· 모든 사람에 대해 평화를 추구하는 마음 · 내가 옳다 하더라도 상대에게 맞추는 마음 · 상대에게 여유를 줄 수 있는 마음 · 모든 사람의 유익을 좇는 마음 · 마땅한 법도를 좇아 불편을 주지 않는 융통성 있는 마음 · 나를 드러내지 않고 걸림이 없는 마음 · 언행에 편벽이 없는 마음					
오래 참음	· 모든 일에 있어 성급하지 않은 마음 · 언행에 조급하거나 그릇되지 않은 마음 · 꾸준하고 지속적인 마음 · 순간적인 실망을 하지 않는 마음 · 고통과 시험, 환난에 요동치 않는 변함없는 마음					

성령의 9가지 열매	점검 사항	잘 모르겠다 1점	전과 다르지 않다 2점	그저 그렇다 3점	회개한다 4점	성장했다 5점
자비	· 겉으로 상대를 판단하거나 정죄하지 않는 마음 · 긍휼과 구제의 마음 · 언행에 경솔하지 않은 마음 · 모든 사람에 대해 관대한 마음 · 상대를 지적하지 않는 마음 · 상대에게 성공을 주는 마음					
양선	· 무례히 행하지 않는 마음 · 상한 갈대를 꺾지 않는 마음 · 상대를 무시하지 않고, 상처를 주지 않는 마음 · 분명하지 않은 일에 나서지 않는 마음					
충성	· 매사에 근면하고 적극적인 마음 · 죽도록 충성하는 마음 · 순종하는 마음					
온유	· 솜털과 같은 마음 · 넓게 포용할 수 있는 마음 · 상대에게 불편함을 주지 않는 마음 · 포근하고 부드러운 마음					
절제	· 중용, 조화, 질서 추구 등 치우침 없는 마음					

※ 45점 만점입니다. 현재 자신의 삶 속에서 성령의 열매가 골고루 풍성하게 맺어지고 있는지 수시로 점검해 보시기 바랍니다.

다. 소그룹 내에서 나누는 성령의 열매 점검표

소그룹 구성원들에게 있는 성령의 열매는 무엇인지 생각해 보고, 각 열매에 해당 가족의 이름과 그 이유를 적어 나누어 봅니다.

성령의 열매	소그룹 구성원 이름
사랑 (겸손히 섬김)	
희락 (범사의 감사, 긍정적)	
화평 (모든 사람과 화평)	
오래 참음 (꾸준하고 지속적)	
자비 (긍휼과 친절)	
양선 (선을 행함)	
충성 (근면하고, 순종하는 마음)	
온유 (통제된 힘, 부드러움)	
절제 (조화, 치우침이 없음)	

제8과 성령 학교 워크북

| 참고문헌 |

로드만 윌리엄스 저, 박정렬 외 1명 역, 『조직신학(오순절 은사주의)』, 한세대학교말씀사, 2007.
루이스 벌코프 저, 권수경 외 1명 역,『벌코프 조직신학』, 크리스챤다이제스트, 2005.
이영훈 저, 『하나님이 기뻐하시는 교회』, 서울말씀사, 2009.
이영훈 저, 『성령이 너희에게 임하시면』, 서울말씀사, 2010.
이영훈 저, 『제자의 길』, 서울말씀사, 2010.
이영훈 저, 『내 안에 그리스도께서 사신 것이라』, 서울말씀사, 2011.
이영훈 저, 『4차원의 영성 – 중보 기도 학교』, 교회성장연구소, 2011.
조용기 저, 『성령론』, 서울말씀사, 1998.
홍성건 저, 『성령으로 행하는 사람』, 예수전도단, 2000.
황승룡 저, 『성령과 기독교 신학』, 대한기독교서회, 2010.
R. A. 토레이 저, 이용복 역,『성령 세례 받는 법』, 규장, 2006.

| 추천도서 |

이영훈 저, 『내 안에 그리스도께서 사신 것이라』, 서울말씀사, 2011.

참고문헌

MTS 성령 학교

초판 1쇄 발행	2012년 9월 3일
6쇄 발행	2021년 3월 3일

지은이	이영훈
소 장	김영석
편집장	노인영
기획·편집	박은혜 김정미 조진원 백지희
디자인	박진실

펴낸곳	교회성장연구소
등 록	제 12-177호
주 소	서울특별시 영등포구 여의공원로 101 CCMM빌딩 7층 703B호
전 화	02-2036-7922
팩 스	02-2036-7910
홈페이지	www.pastor21.net
쇼핑몰	www.icgbooks.net

ISBN | 978-89-8304-192-0 03230

*값은 뒤표지에 있습니다.
*잘못된 책은 구입하신 서점에서 교환해드립니다.
*이 책 내용의 일부를 사용하려면 반드시 저작권자와 교회성장연구소 양측의 서면동의를 받아야 합니다.

"무슨 일을 하든지 마음을 다하여 주께 하듯 하라"(골 3:23)

교회성장연구소는 한국 모든 교회가 건강한 교회성장을 이루어 하나님 나라에 영광을 돌리는 일꾼으로 성장하는 것을 목표로, 목회자의 사역은 물론 성도들의 영적 성장을 도울 수 있는 필독서들을 출간하고 있다. 주를 섬기는 사명감을 바탕으로 모든 사역의 시작과 끝을 기도로 임하며 사람 중심이 아닌 하나님 중심으로 경영한다. "무슨 일을 하든지 마음을 다하여 주께 하듯 하라"는 말씀을 늘 마음에 새겨 하나님께서 주신 사명을 기쁨으로 감당한다.